Langeweile

Pfarrer Christian Sieberer

Langeweile

Fadisiere Dich und hab Spaß dabei

Bibliografische Information der Deutschen Nationalbibliothek: Die Deutsche Nationalbibliothek verzeichnet diese Publikation in der Deutschen Nationalbibliografie; detaillierte bibliografische Daten sind im Internet über dnb.dnb.de abrufbar.

© 2016 Pfarrer Christian Sieberer

Herstellung und Verlag:
BoD – Books on Demand, Norderstedt

ISBN: 978-3-7412-3771-3

INHALT

Einleitung 7   Ursprünge 10

TEIL I
Langeweile in verschiedenen Bereichen

1. Langeweile durch Worte   17

2. Langeweile in der Beziehung   22

3. Langeweile im Beruf   36

4. Langeweile im Sport   46

5. Langeweile im Extremen   54
1. Drogen   57
2. Okkultismus   58
3. Gedröhne   60

6. Langeweile als Unterhaltung
1. Kino   62
2. Comedy   65
3. Talk Shows   68
4. Games   70

7. Langeweile bei Partys,…   72

8. Langeweile in Vollendung   76

TEIL II
Die Geschwister der Langeweile

Die unangenehmen Geschwister	79
1. Trägheit des Herzens	81
2. Lebensekel, Lebensüberdruss	84

Die freundlichen Geschwister	
1. Muße	85
2. Chillen	85
3. Erholung	86
4. Quality time	87
5. Gewohnheit	88
6. Zeitwohlstand	94
7. Zweisamkeit	96

TEIL III
Vom rechten Umgang mit Langeweile

1. Zwischen dem Rauschen	97
2. Jeder Tag hat einen Ablauf	99
3. Ein guter Plan	108
4. Den Flow finden	113
5. Ruhe und Frieden	116

Einleitung

Im Sommer 1988 nahm mein Leben eine überraschende Wendung. Mein bisher größter Feind wurde zu einem vertrauten Freund, und ein alles verschlingendes Monster zum netten Schoßhündchen.

Heute, siebenundzwanzig Jahre später, habe ich keinen Tag meines neuen Lebens bereut. Alles wurde besser, nichts wurde schlechter. Völlig gratis. Erstaunlich nachhaltig.
Niemals hätte ich gedacht, dass so etwas überhaupt möglich ist, sonst hätte ich es natürlich schon früher ausprobiert.

Ich musste erst am Ende sein und keinerlei Perspektive für mein weiteres Leben mehr haben, um mich an den letzten verfügbaren Grashalm zu klammern.
Der Punkt, an dem mein bisheriges Leben aus den Angeln gehoben wurde, heißt Langeweile.
Gähnende Langeweile.
So richtig lange Langeweile.
Alles in Frage stellende Langeweile.
Das Schreckgespenst der gesamten Menschheit.

Wir leben in einer Welt, in der sich die allermeisten Menschen vor Langeweile fürchten. Oder sie einfach verachten. Weil sie ihnen lästig und langweilig ist.

Wir leben in einer Welt, in der Millionen Menschen damit beschäftigt sind, für andere Menschen Langeweile zu vertreiben, manche sehen darin einen hohen Lebenssinn. Dass viele dieser gut gemeinten Versuche nicht helfen, wird dabei gerne übersehen.

Oh, sie wollten die armen, gequälten Menschen doch nur für ein paar Momente aus ihrem grauen Alltag befreien. In Wirklichkeit haben sie die Menschen oft noch tiefer in ihren grauen Alltag hineingedrückt. Und ihnen eine Droge angeboten, die gegen Bezahlung für ein paar Momente den Zustand der Langeweile vergessen macht, nur um ihn nachher noch schmerzlicher in Erinnerung zu rufen.

Wir leben in einer Welt, in der über alles und jedes gesprochen wird, nur nicht über Langeweile. Ein wichtiger Grund, warum so viel gesprochen wird, ist ja, dass nur ja keine Langeweile aufkommen soll. Ach, wie schrecklich, dass man vielleicht einmal ein paar Momente mit anderen Menschen verbringen müsste, und niemand sagt etwas. Oh, wie furchtbar, wie peinlich. Schweigen ist ja wohl das Langweiligste überhaupt.

Als Lehrer habe ich mit den Kindern zu Beginn der Stunde gerne ein Lied gesungen, und danach gab es für ein, zwei Minuten die Zeit der Stille. Bei den ersten Versuchen waren die meisten damit überhaupt nicht einverstanden, na geh, das ist doch faaaad.

Die Reaktion war mir völlig verständlich, was der Bauer nicht kennt, das isst er nicht. Tatsächlich ist es wunderschön, Kindern den Wert von Ruhe vermitteln zu dürfen. Nicht dösen und nicht Fantasiereise, sondern bewusst auf die Stille hören.

Dies ist jedem Menschen möglich, wer es aber nie getan hat, meint, es nicht zu können oder zu brauchen. Ein kleiner Funke Stille-Fähigkeit bleibt selbst im größten Krawallmacher oder Dauergestressten immer vorhanden. Die Kinder in der Schule haben die stille Zeit jedenfalls immer mehr lieben gelernt.

So haben wir also auch schon ein erstes Beispiel, dass nicht alles, was auf den ersten Blick langweilig erscheint, auch schon langweilig ist.

Zurückblickend auf den Sommer von 1988 kann ich sagen, dass nahezu alles, was mir damals aufregend und erstrebenswert erschien, heute für mich langweilig ist. Andererseits tue ich heute mit größter Freude viele Dinge, die mir früher unvorstellbar schienen, weil ich sie aus Furcht oder Abscheu vor Langeweile nie oder nur halbherzig ausprobiert habe.

So, das war's auch schon mit der Einleitung, sonst wird es womöglich noch............langweilig.

Tauchen wir nun ein in die faszinierende, sagenumwobene Vergangenheit unseres Planeten und suchen wir dort als Jäger des verlorenen Müßiggangs die

Ursprünge der Langeweile

Von den Anfängen unseres Universums wird manchmal gemunkelt, dass es eigentlich nur existiert, weil irgendjemandem da oben fad war. Die Beweise dafür sind eher dürftig.

Auch ist nicht abschließend geklärt, ob nicht etwa dem allmächtigen Zufall langweilig war, sodass er mittels Urknall die Zeit totschlagen wollte. Die Erinnerung an den Urknall wird bis heute durch sogenannte Feuerwerke gepflegt, die zum entbehrlichen Kulturgut der Menschheit gehören. Urige Knallkugeln zeigen bestenfalls öden Börsianern, wie man Geld verheizt und dabei noch den Applaus des Publikums erwirbt. Aber back to universe:

Ich liebe die Fotos der großartigen Formationen, Farben und Unbeschreiblichkeiten des Weltalls, das uns Tag und Nacht umgibt. Mitten drin in einem faszinierenden Geheimnis leben zu dürfen, das man nie ausschöpfen kann, ist ein schöner Startbonus für jeden Erdenbewohner.

Ganz schön lange Weilen sind auf jeden Fall vergangen, bis unser Planet überhaupt bewohnt wurde, mit einer erstaunlichen Vielfalt an Lebewesen.

Blicken wir zurück in graue Vorzeiten, sehen wir die ersten Menschen im ständigen Kampf ums Überleben. Für Langeweile blieb bei den Feuersteins eher wenig Zeit. Hier ein Säbelzahntiger, dort ein Vulkanausbruch, und nebenbei ein paar auf Krawall gebürstete Mit-Steinzeit-Menschen.

Wenn alle ums Überleben kämpfen müssen, gibt es wenigstens keine Kriege und Konflikte aus reinem Zeitvertreib. Ist ja auch so schon genug los.

Selbst langweilige Abende am Lagerfeuer konnten vermieden werden, weil irgendwo in der Dunkelheit immer irgendwelche zähnefletschenden Wesen warteten, um die dort Sitzenden zum Nachtmahl in Grillwürste zu transformieren.

Spannung, Spannung den ganzen Tag, Hochspannung, Hochspannung die ganze Nacht. Stressig ja, langweilig not.

Tauschen wollen wir Heutigen da wohl nicht, außer vielleicht ein paar Computernerds, die sich mit dem Finger auf der Maus und den Füßen in wildlife Birkenstocks tatsächlich in der Steinzeit wähnen, in großartigen Bildschirm-Spielen wie „Ancient Ant" oder „Be a Bison".

Da gehen wir es lieber philosophisch an. Es ist eine vieldiskutierte Frage, wann denn eigentlich dem ersten Menschen auf diesem Planeten langweilig wurde.

Und was er wohl zu seinen Mitmenschen gesagt hat, um diesen Zustand zu benennen. Denn ein Wort für etwas, das es nicht gibt, gibt es nicht.

Mir ist…

Ich fühle mich…

Hallo, geht's Euch auch so komisch…

Professor Gustav Gehn von der Universität für bioresistente Hohlraumstudien ist in seinem Artikel „Warum gibt es das Wieso überhaupt?" dieser Frage nachgegangen und kommt nach seitenlangen Worthülsenaneinanderreihungen (ja, dieses Wort scheint tatsächlich zu existieren, jedenfalls zeigt mein Schreibprogramm bisher keine roten Wellenlinien) zu einem doch nicht ganz inkongruenten Ansatz:

Irgendwie, irgendwo, irgendwann muss doch tatsächlich zwischen Arbeit, Essen, Schlafen und Überleben zum ersten Mal ein wenig Zeit geblieben sein.

Und zum ersten Mal meinte ein Mensch, sich und anderen die Frage stellen zu müssen, wie er diese Zeit nun verbringen sollte.

Zum ersten Mal tauchte aus den Tiefen der Menschenseele die bange Frage auf: „Was tun wir jetzt?"

Und niemand konnte eine Antwort geben, weil einfach nichts zu tun war.

Soweit Professor Gehn, nachzulesen im Fachmagazin „Vanitas fair".

Ich kann mich dieser These durchaus anschließen und möchte ausrufen: Ach, hätte er diese Frage doch nie gestellt! Wie viel Leid wäre der Menschheit erspart geblieben!

Wir wüssten bis heute nicht, was Langeweile ist, weil wir sie gar nicht wahrnehmen bzw. benennen könnten. Wir würden entweder nichts tun oder etwas Sinnvolles. Und hätten mit beidem kein Problem.

Dolce far niente. Süßes Nichtstun, sagen die Italiener.

Voll öd, uur fad, boooring, o.Ä. sagen andere, die einfach keine Ahnung haben.

So verläuft dieses Drama vom ersten Moment an, in dem der Mensch endlich mal Zeit hatte, bis hinauf in unsere Zeit, in der selbstverständlich wiederum niemand mehr Zeit hat. Wir heißen Sie herzlich willkommen in unserem Flug 0815, in wenigen Stunden werden wir die Steinzeit wieder erreicht haben.

Für diese, unsere Gegenwart hat Loriot in seinem Video „Feierabend" das Thema grandios aufgearbeitet Die geschäftige Ehefrau lässt ihren armen Ehemann Hermann einfach nicht zur Ruhe kommen. Was hat er denn getan, der schreckliche Unhold?

Gar nichts, er will einfach nur dasitzen und nichts tun.

Darf er aber nicht.

Denn Frau Geschäftig kennt diesen Zustand nicht. Oder kann sich einfach nicht vorstellen, dass es ein angenehmer Zustand sein könnte.

Der arme Hermann muss also die wüstesten Beschimpfungen und Vorwürfe über sich ergehen lassen, obwohl er nachweislich nichts getan hat.

Wohlgemerkt wird kein einziges Mal der Vorwurf erhoben, Hermann sei faul. Auf die sehr wichtige Unterscheidung zwischen Faulheit und Nichtstun kommen wir nachher noch zu sprechen.

Wie das Ganze endet, wird hier nicht verraten, gefunden habe ich dieses Prachtstück der Chill-Kultur auf *www.youtube.com/watch?v=sJSLPv86QXo*

Wer das Thema „Langeweile und ihre Ursprünge" hochwissenschaftlich angehen will, der kann eine der aktuellsten Studien nachlesen, allerdings auf Englisch und mit heftigen Ansprüchen an die Gelangweilten. Tatsächlich haben sich Forscher schon öfters Gedanken über das Phänomen gemacht: *http://pps.sagepub.com/content/7/5/482.abstract*

Langweile, so schreiben Psychologen von der York University in Toronto im Journal „Perspectives on Psychological Science", sei die aversive Erfahrung, wenn man in eine befriedigende Aktivität eintauchen will, es aber nicht kann.

Aha.

Fanny Jimenez hat dies in der „Welt" am 4.7.2014 so kommentiert:

Wenn die Aufmerksamkeit flöten geht

Soll also heißen: Langeweile, das ist ein Zustand, in dem man seine Aufmerksamkeit nicht vernünftig fokussiert bekommt. Und zwar weder auf seine innere Erlebniswelt, also Gedanken oder Gefühle, noch auf die äußeren Reize, die einem die Umwelt so zu bieten hat. Charakteristisch für die Langeweile sei auch, so die Wissenschaftler, dass man für diesen unbefriedigenden Zustand alles Mögliche verantwortlich macht. Dabei sei an der Ödnis im Kopf nur einer schuld, nämlich man selbst.

Wer da noch nicht persönlich getroffen ist, dem erzählen die Forscher dann auch noch, dass Menschen, die oft Langweile empfinden, empfänglicher für Drogen- und Alkoholmissbrauch sind und häufiger übergewichtig als andere, weil sie aus lauter Langeweile mehr futtern, und auch noch anfälliger für Angststörungen oder depressive Erkrankungen. Gelangweilte Menschen im Job seien darüber hinaus eine Gefahr, weil sie mehr Fehler machen als nicht gelangweilte – was bei manchen Berufsgruppen, etwa einnickenden Piloten, sogar lebensgefährliche Folgen haben könne.

Bevor man sich aufgrund dieser Tirade aber in jedem Moment der Langeweile wie ein defizitäres oder falsch gepoltes Wesen vorkommt, fügen Eastwick und seine Kollegen noch hinzu, dass gelegentliche Langeweile ganz normal sei – und sogar kreativ machen kann. Denn Langeweile, so schreiben sie, sei für das Gehirn ein sicheres

Signal, dass es Zeit ist, sich schnellstmöglich neuen Reizen oder Ideen zuzuwenden.

Eine gemütliche Runde Leerlauf

Ich bin mir ja ehrlich gesagt nicht sicher, ob man es sich so kompliziert machen muss mit der Langeweile. Ich stelle es mir eher vor wie eine Runde Leerlauf, die unserem Denkorgan weder sonderlich nützt noch schadet. Eine Pause beim Denken und Machen. Einfach, weil eine Pause manchmal ganz gut ist.

Ich glaube ja auch, dass andere Forscher sich das Gleiche gedacht haben – denn die Studie ist gar nicht mehr so neu, und die Reaktionen anderer Wissenschaftler auf diese Publikation fielen doch recht bescheiden aus. Und wissen Sie was? Jetzt gerade, im täglichen Tumult der Redaktion, da sehne ich mich ein bisschen, nach einem kleinen Moment dieser herrlich behäbigen Langeweile.

Das war's auch schon mit den Ursprüngen der Langeweile, Weiterdenken ist ausdrücklich gestattet.

Kommen wir nun zu einigen Bereichen unseres Lebens, in denen uns Langeweile begegnet. Das omnipräsente Schnuckelchen zeigt sich ja in vielen Zusammenhängen, einige Beispiele sollen dies illustrieren.

TEIL I
Langeweile in verschiedenen Bereichen des Lebens

Kapitel 1
Langeweile durch Worte

Hä?, was issn das?

Nun das sind vier Worte und drei Satzzeichen.

Sie drücken aus, dass vielleicht mancher Leser den Sinn der Überschrift „Langeweile durch Worte" nicht verstanden haben könnte. Mit ein paar anderen Worten werde ich nun versuchen, den Sinn, den ich diesen Worten beimesse, zu erklären.

Womit wir auch schon mitten im Thema wären: Words, words, words,… so hat es Shakespeare in Worte gefasst.

Ach, glückselige Kindheit, in der mir meine Oma die faszinierenden Geschichten von Dr. Doolittle vorlas. Der bekanntlich mit Tieren sprechen konnte und daher ein besonders guter Vet-Med war. Und all die süßen Tierchen konnten jetzt endlich mal sagen, was ihnen am Herzen lag, was habe ich mich für sie gefreut!

Wir Menschen können dies fast immer, doch sind uns dieses erfreulichen Zustands meist gar nicht bewusst. Es ist eine Wonne, sprechen zu können, ob mündlich, oder, wie im Fall eines Buches, schriftlich.

Doch wie die Musik von den Pausen lebt, gleichsam als Atemholen zu neuen Schönheiten und großen Dingen, so ist es auch mit der Sprache.

Si tacuisses, philosophus mansisses. Es klingt wie ein Seufzer. Ach, hättest du doch nicht so viel geredet, du wärst ein Freund der Weisheit geblieben…

Der Weisheit, nota bene, nicht bloß des Wissens. Wissen, das ständig meint, sich durch möglichst viele Worte möglichst vielen Menschen möglichst umfassend mitteilen zu müssen. Und das die schönsten Begriffe erfindet, die großen Wert haben, ja, schlichtweg unersetzbar sind, aber, falsch angewandt, den Blick verstellen können.

Ich habe mich schon oft gefragt, warum Kinder so fasziniert die Natur betrachten können. Ein kleiner Schmetterling, ist da zum Beispiel eine Weltsensation, für die man gerne minutenlang nichts tut, außer hinsehen.

Naja, sind halt Kinder.

Tja, aber Kinder haben offensichtlich den Vorteil, dass sie manche Dinge noch nicht kennen und sie deshalb nicht benennen können.
Und sie ihnen deshalb,…(Trommelwirbel und Trompetenfanfare) … nicht langweilig sind!

Lassen wir doch ruhig mal wieder das Kind im Mann und das KindIn in der Frau erwachen, und sei es nur, indem wir einen gendergerechten Satz schreiben.

Oder indem wir die kommunizierenden Gefäße „Eh schon Wissen" und „Staunen" selbständig arbeiten lassen.

Ein bisschen weniger „Das kenne ich schon, das weiß ich schon längst…" führt automatisch zu einem erfreulichen Anstieg von „Wow, das ist mir bisher gar nicht aufgefallen, erstaunlich, wenn man das mal länger auf sich wirken lässt…"

Ich danke an dieser Stelle ausdrücklich dem berühmten Ornithologen Prof. Berthold und seinen Mitarbeitern. Orni… was?, berühmt, wie?
Na, hat da wer etwas nicht gewusst, oh, oh, oh,…?!
Nun ein Ornithologe ist (selbstverständlich, kicher) ein Wissenschaftler dessen Fachgebiet Vögel sind.
Ich meine die echten, mit Federn und so.

Auf jeden Fall hat Prof. Peter Berthold ein bahnbrechendes Buch zum Thema „Vögel füttern, aber richtig" im Kosmos Verlag geschrieben, in dem er die These untermauert, dass man heutzutage in unseren Breiten Vögel das ganze Jahr füttern kann und soll. Die werden dadurch nämlich weder dick noch faul, sondern einfach mehr, was angesichts überall sinkender Populationen gar nicht mal so schlecht ist.

Seitdem bin ich stolzer Besitzer eines 25kg Sacks mit Sonnenblumenkernen und einer 200er Packung Meisenknödel (ohne Netz!), die in genial konstruierten Futtersilos an den Vogelmann bzw. die Vogelfrau gebracht werden.

Das Ergebnis ist staunenswert.

Mit dem Fernglas lassen sich die unglaublichsten Flugkünste und ebensolche Schnabelakrobatik rund um die Futterstelle beobachten, ausgeführt von solch seltenen Arten wie Meise, Sperling und Kleiber. Aufgrund der Menge ist eine individuelle Namensvergabe nicht möglich, und ich halte mich eisern an den Vorsatz, vor allem das Wunder dieser kleinen fliegenden Wollknäuel zu beobachten, anstatt ihnen den gähnend-langweiligen Namen „Allerweltsarten" zu verpassen.

Was können wir daraus lernen?

Langeweile beruht häufig auf Gewohnheiten, die man ändern kann.

Langeweile darf jederzeit durch Staunen ersetzt werden.

Staunen nämlich ist die Freude darüber, dass überhaupt etwas ist und nicht vielmehr nichts.

Staunen sieht die Dinge vor allem so, wie sie von sich aus sind.

Staunen hat kein Problem mit Langeweile, aber reißt sie trotzdem gerne immer wieder aus ihrer Lethargie.

Ja, und passen wir mit den Worten auf, lassen wir zwischen ihnen auch mal Pausen. Ich muss nicht alles und jedes wissen, geschweige denn ständig die Luft mit Worten verbrauchen.

Meine Mitmenschen werden es mir danken, und gemeinsam können wir in von Freude erfüllter Stille die Wunder des Lebens bestaunen.

Apropos Mitmenschen:

Kapitel 2
Langeweile in der Beziehung

Die wohl schmerzlichsten Auswirkungen hat Langeweile in Beziehungen.

„It's the falling in love, that makes me high, it's the being in love, that makes me cry." hat der Jackson-Michl einst gequiekt, ich finde den Satz dumm, aber leider auf viele Menschen zutreffend.

Generation „Hallo, geht's noch, ich wurde jetzt schon satte zehn Sekunden nicht mehr mit Reizen überflutet" tut sich schwer, wenn Dinge gleichbleiben. Noch schwerer, wenn Menschen gleichbleiben.

Ein Grund für Langeweile, insbesondere in den reichen Ländern, ist die ständige Verfügbarkeit von neuen Dingen und Menschen.

Einfach mal Klick und ab in den Warenkorb.
Einfach mal Klick und ab zum Date.
Einfach mal Klick und schon kommt der Kick.

Nicht zu vergessen das Wegklicken, wenn er, sie oder es schon bald wieder langweilig erscheinen.

Ich finde die Möglichkeit großartig, dass schüchterne Menschen über das Internet andere schüchterne Menschen kennenlernen können.

Ich finde die Möglichkeit schrecklich, dass gar nicht schüchterne Menschen jederzeit andere Menschen kennenlernen können, zum größten Schaden für sich selbst und andere Menschen.

Im Rausch von Nostalgie, Torschlusspanik, Gefühlschaos oder ähnlichen Zeitgeistgenossen werden dann selbst längst vergessene Schul- Kindergarten- oder Krabbelstubenfreunde wieder upgedatet, im doppelten Sinn des Wortes, versteht sich.

Ganz normal, das machen doch fast alle. Im beiderseitigen Einverständnis natürlich, man liebt ja seinen Partner deshalb nicht weniger…

Tatsächlich?

Ist das Niveau erst mal im Keller, kann es ja wohl nicht tiefer gehen.

Irrtum, es geht immer noch tiefer.

Irrtum auch, dass das, was alle machen, auch schon alle glücklich macht.

Schauen wir mal in irgendeines der kunterbunten Jugendmagazine, ein beliebtes Thema sind dort Lebensträume. Was willst Du mal werden, was willst Du mal erreichen,…?

Zumindest alle Umfragen, die ich dazu gelesen habe, hatten immer an erster Stelle den Wunsch: Einen Partner für' s Leben und eine eigene Familie.

Langweilig.

Aber schön.

Meinen Schülern habe ich gerne die bewegende Frage gestellt, ob sie jemanden kennen, der lange und glücklich verheiratet ist. Bei den meisten gab es wenigstens noch ein Paar in ihrer Familie, manchmal die eigenen Eltern. Berührend war dann das freundliche Schwärmen über Opa und Oma, die man sonst vielleicht auch mal belächelt, aber zusammengehalten haben sie, trotz aller Schwierig- und Kauzigkeiten. Und das imponiert ihren modernen Enkeln genauso wie allen anderen.

Ganz ähnlich die Paare jeglichen Alters, die bei einem Hochzeitsjubiläum voll Freude und Bewunderung zum Jubelpaar emporblicken.

Alle Achtung, leicht war das sicher nicht, aber jeder Einsatz hat sich gelohnt.

„Wissen Sie, wir kommen aus einer Zeit, in der man die Dinge repariert hat, wenn sie kaputt waren. Heute werden sie einfach weggeschmissen."

Oder man hatte die Dinge noch gar nicht, die heute Beziehungen zerstören, den unersetzlichen Fernseher zum Beispiel.

„Das Fernsehen versetzt uns heute in die Lage, von Leuten unterhalten zu werden, die wir nie und nimmer in unser Haus lassen würden.", hat David Frost bemerkt.

„Das Fernsehen unterhält die Leute, indem es verhindert, dass sie sich miteinander unterhalten.", fügte Sigmund Graff hinzu.

„Das Fernsehen macht aus dem Kreis der Familie einen Halbkreis.", musste Rolf Haller feststellen.

„Ja, wenn's wenigstens noch ein Halbkreis wäre, in dem man als Familie die kostbarsten Stunden des Tages gemeinsam verschleudert.", müssen wir heute entsetzt hinzufügen. Aber nein, heute sitzt jeder in einem anderen Zimmer vor seiner eigenen Glotze und schlägt ganz selbst-bestimmt Zeit und Familienleben tot.
    Selbstverständlich nur zum Wohl der Familie, die jetzt nicht mehr über das Fernsehprogramm streiten muss.

Und was bekommt man dafür, dass man in seiner Wohnung fremde Menschen reden lässt, die einem nicht zuhören?

Viel zu wenig.

Vielleicht macht sich einmal jemand die sinnvolle Mühe, die Verdummungs-Steigerung im Fernsehen der letzten dreißig Jahre wissenschaftlich zu erfassen. Auf einer Dümmlichkeitsskala von 1 bis 10 bist Du RTL, lautet ein Spruch den ich auf facebook gefunden habe.

Quote, Quote, Quote, schon längst gibt's dafür Tote, so könnte man im Hinblick auf Rufmord und Beziehungs-Attentate sagen, hier wird buchstäblich über Leichen gegangen.

Ja, aber, durch das Fernsehen wurde immerhin noch nie so viel gebeichtet wie heute.
Nur schade, dass dies meist in Form einer öffentlichen Beichte passiert, damit gleich Millionen Menschen zuschauen und sich Ideen zur Nachahmung holen können.

Es interessiert die Leute halt.
Und es ist ihnen nachher offensichtlich peinlich. „In der Sendung XY – die ich sonst natürlich nie schaue!!! – war vor kurzem..."
Schlichtweg erbärmlich, das öffentliche Talken über intime Dinge.

Und natürlich todlangweilig.

Dann wird auch mal das Zuhause der Selbstdarsteller unter die Kameralinse genommen, willkommen in der Reality von Andreas, Nadine und anderen Mitbürgernden. Dass da mal eher wenig Obst, dafür umso mehr Wurst in der Küche zu finden ist, scheint noch das kleinere Problem zu sein.

Menschen zu verlachen, die sich zum Affen machen, vermehrt auf Dauer nicht die Lebensfreude, weil auch die seltsamsten Typen und ihr seltsames Leben ein Problem kennen: Fadesse.

Und immer wenn du glaubst es geht nicht mehr, kommt von irgendwo etwas noch Dümmeres her: Kuppelshows. Ja, bitte unbedingt noch ein Sixpack und nochmal Silikonbalkon, fertig ist der Stumpfsinn schon.
Der Menschenverschleiß geht nach Ende der Dummfaktor-Sendungen sogar noch weiter. Wenn sich alle genüsslich die Hände reiben, ob der erwartungsgemäß kurzen Dauer der „Beziehungen", die in einer gelangweilten Gesellschaft in langweiligen Sendungen zwischen gelangweilten Menschen (wer bitte hat die Zeit, bei diesem bull ---piep--- mitzumachen?) zum Zeitvertreib geschlossen wurden.

Aber es geht auch anders: Einen Menschen zu finden, mit dem man alt werden kann, ja, das ist ein schönes und hohes Ziel, das jede Anstrengung wert ist.

„Wissen Sie, wir sind nun über sieben Jahre zusammen und haben uns noch nie gestritten." Das Paar, das mir dies erzählt hat, war weniger als ein Jahr nach der Hochzeit wieder geschieden. Sie auf Esoteriktrip, er auf Selbstverwirklichungsreise, mein Eheleben dreht sich um mich.

Eine gesunde Streitkultur entwickeln, die Gewitter krachen lassen, und danach den köstlichen Tau der Versöhnung genießen.

„Sicher war es oft schwer, aber wir haben uns schlussendlich immer zusammengestritten. Und nicht auseinander."

Solange sie sich noch streiten, ist es gar nicht so schlimm.

Aber wenn sie mal schweigen, dann wird es gefährlich. Tödliches Schweigen. Ich kenne dich schon. Du nervst mich. Du langweilst mich.

Lassen wir an dieser Stelle, jemanden zu Wort kommen, der vom Thema mehr versteht als ich.

Der Schriftsteller Richard Paul Evans erzählt in der Huffington Post am 3.4.2015:

Schon seit einigen Jahren hatten meine Frau Keri und ich Probleme. Wenn ich zurückblicke, weiß ich nicht wirklich, warum wir überhaupt zusammengekommen sind, denn unsere Charaktere sind von Grund auf verschieden.

Je länger wir verheiratet waren, desto extremer schienen die Unterschiede zwischen uns zu werden. Unser „Ruhm und Reichtum" machte unsere Ehe nicht unbedingt leichter. Im Gegenteil, es verschlimmerte unsere Probleme. Die Lage zwischen uns war so angespannt, dass es mir wie eine Erlösung vorkam, wenn ich auf Tour ging, um meine Bücher zu promoten.

Auch wenn es jedes Mal noch schlimmer schien, wenn ich wieder nach Hause zurückkehrte. Unsere dauernden Streitigkeiten machten es fast unmöglich, sich eine friedliche Beziehung überhaupt vorzustellen. Wir waren ständig in Abwehrhaltung. Wir bauten Mauern um unsere Herzen. Wir standen kurz vor der Scheidung und hatten es schon mehr als einmal in Erwägung gezogen.

Ich war wieder auf Promotion-Tour, als die Dinge ihren Höhepunkt erreichten.

Wir hatten gerade wieder einen schlimmen Streit am Telefon gehabt und Keri hatte einfach aufgelegt. Ich war allein und einsam, frustriert und wütend. Ich hatte meine Grenze erreicht.

Das war der Moment, in dem ich mich an Gott wandte. Oder mir Gott vorknöpfte.

Ich weiß nicht, ob man es Gebet nennen kann - vielleicht ist Gott anzuschreien kein Gebet, vielleicht ist es eins - was auch immer es war, ich werde es nie vergessen.
Ich stand brüllend in der Dusche des Ritz-Carlton Hotels in Atlanta, schrie, dass die Ehe falsch sei und ich so nicht mehr weiter machen könnte.

So sehr wie ich den Gedanken an Scheidung hasste, ich konnte diese Beziehung einfach nicht mehr ertragen. Ich war außerdem verwirrt. Ich konnte einfach nicht verstehen, warum die Ehe mit Keri so hart war. Eigentlich wusste ich, dass Keri ein guter Mensch war. Und ich ebenso. Also warum klappte es einfach nicht mit uns? Warum hatte ich jemanden geheiratet, der so anders war als ich? Warum änderte sie sich nicht?

Heiser vom Schreien und völlig geknickt setzte ich mich in die Dusche und fing an zu weinen. Und am Tiefpunkt meiner Verzweiflung verstand ich endlich. Du kannst sie nicht ändern, Rick. Du kannst nur dich ändern. Dann begann ich zu beten. Wenn ich sie nicht ändern kann, Gott, dann ändere mich. Ich betete bis in die Nacht hinein. Ich betete am nächsten Tag im Flieger auf dem Weg nach Hause. Ich betete, als ich Zuhause ankam, wo eine unterkühlte Ehefrau mich kaum beachtete.

Nachts lagen wir nebeneinander im Bett. Nur wenige Zentimeter trennten uns, doch schienen wir meilenweit voneinander entfernt. Und plötzlich hatte ich die Lösung. Ich wusste, was ich zu tun hatte.

Am nächsten Morgen rollte ich mich auf Keris Seite vom Bett und fragte sie: „Wie kann ich dir den Tag verschönern?"
Keri sah mich wütend an. „Was?"
„Wie kann ich dir den Tag verschönern?"
„Kannst du nicht", sagte sie. „Wieso fragst du mich das?"
„Weil ich es so meine", sagte ich. „Ich möchte nur wissen, was ich tun kann, um dir den Tag zu verschönern."
Sie sah mich mit zynischem Blick an.
„Du möchtest etwas tun? Dann geh die Küche putzen."

Sie hatte erwartet, dass ich sauer werde. Stattdessen nickte ich einfach nur. „Okay."
Ich stand auf und putzte die Küche.
Am nächsten Tag fragte ich sie dasselbe. „Wie kann ich dir den Tag verschönern?"
Sie kniff die Augen zusammen. „Mach die Garage sauber."

Ich atmete tief ein und aus. Ich hatte bereits einen anstrengenden Tag hinter mir und ich wusste, dass sie mich nur aus Trotz darum bat. Ich war kurz davor zu explodieren.
Jedoch sagte ich: „Okay." Ich stand auf und räumte für die nächsten zwei Stunden die Garage auf. Keri wusste nicht, was sie denken sollte. Der nächste Morgen kam.

„Was kann ich tun, um dir den Tag zu verschönern?"
„Nichts!", sagte sie. „Du kannst nichts tun, bitte hör auf damit."

„Tut mir leid", antwortete ich. „Aber ich kann nicht aufhören. Ich habe eine Abmachung mit mir selbst getroffen. Was kann ich tun, um dir den Tag zu verschönern?"
„Warum machst du das?"
„Weil mir etwas an dir liegt", sagte ich. „Und an unserer Ehe."

Der nächste Morgen kam und ich fragte sie wieder. Und am Morgen darauf. Und an dem darauf. Dann, in der zweiten Woche, geschah ein Wunder. Als ich die Frage erneut stellte, wurden Keris Augen feucht. Und dann brach sie in Tränen aus. Als sie wieder reden konnte sagte sie: „Bitte hör auf mich zu fragen. Du bist nicht das Problem. Ich bin es. Es ist nicht leicht mit mir zu leben. Ich verstehe nicht, wieso du bei mir bleibst."

Sanft hob ich ihr Kinn, bis sie mir in die Augen schaute. „Weil ich dich liebe", antwortete ich. „Was kann ich tun, um dir den Tag zu verschönern?"
„Ich sollte dich das fragen."
„Das solltest du", sagte ich. „Aber nicht jetzt. Jetzt muss ich mich verändern. Du musst wissen, wie viel du mir bedeutest."
Sie lehnte ihren Kopf an meine Brust. „Tut mir leid, dass ich so gemein zu dir war."
„Ich liebe dich", sagte ich.
„Ich liebe dich", erwiderte sie.
„Wie kann ich dir den Tag schöner machen?"
Sie sah mich mit süßem Blick an. „Können wir vielleicht einfach etwas Zeit zusammen verbringen?"

Ich lächelte. „Das klingt gut."
Für einen weiteren Monat fragte ich sie die Frage immer wieder. Und die Dinge änderten sich. Der Streit hörte auf. Dann fragte mich Keri: „Was brauchst du von mir? Wie kann ich eine bessere Ehefrau sein?"

Und die Mauern, die wir errichtet hatten, fielen. Wir fingen an tiefgründige Unterhaltungen zu haben. Wir redeten darüber was wir vom Leben wollen und wie wir uns gegenseitig glücklicher machen können. Nein, wir lösten nicht alle unsere Probleme. Ich kann auch nicht sagen, dass wir uns nie wieder gestritten haben. Aber unsere Streitkultur hatte sich verändert. Streits kamen nicht nur immer seltener vor, sie fingen längst nicht mehr so Feuer wie vorher. Wir hatten ihnen die Luft genommen. Wir wollten einander nicht mehr verletzen.

Keri und ich sind nun über dreißig Jahre verheiratet. Ich liebe meine Frau nicht nur, ich mag sie auch. Ich mag es, mit ihr zusammen zu sein. Ich begehre sie. Ich brauche sie. Viele Unterschiede sind zu Stärken geworden und die übrigen sind nicht so wichtig. Wir haben gelernt, wie wir uns um einander kümmern und, was noch viel wichtiger ist, wir haben den Wunsch, es zu tun. Eine Ehe ist hart. Aber hart ist es auch, Eltern zu sein und fit zu bleiben und Bücher zu schreiben und alles andere Wichtige und Erstrebenswerte in meinem Leben.

Einen Partner im Leben zu haben ist ein außergewöhnliches Geschenk.

Ich habe auch gelernt, dass die Institution Ehe dabei helfen kann, die wenig liebenswerten Seiten an uns zu kurieren. Und wir alle haben eine unsympathische Seite.

Mit der Zeit habe ich erkannt, dass unsere Erfahrung ein Teil einer viel größeren Erkenntnis ist, die Ehe betrifft. Jeder, der in einer festen Beziehung ist, sollte seine bessere Hälfte von Zeit zu Zeit fragen: „Was kann ich tun, um dir den Tag zu verschönern?"

Das ist Liebe. Liebesromane (und ich habe einige von dieser Sorte geschrieben) handeln von Sehnsucht und „sie lebten glücklich bis ans Ende ihrer Tage".

Aber ein Happy End kommt nicht durch Sehnsucht - zumindest nicht das Happy End, das in Liebesromanen immer dargestellt wird. Wahre Liebe ist nicht, eine andere Person zu begehren. Wahre Liebe ist diese Person glücklich sehen zu wollen - manchmal sogar auf Kosten des eigenen Glücks. Jemanden zu einer Kopie von sich selbst machen zu wollen, ist keine Liebe.

Es geht darum, unsere eigenen Fähigkeiten der Toleranz und Fürsorge zu erweitern, sich aktiv um das Wohlbefinden des anderen zu bemühen. Alles andere ist nur Affentheater von Eigeninteressen.

Ich sage nicht, dass was mit Keri und mir passiert ist, bei jedem funktioniert. Aber für meinen Teil bin ich unbeschreiblich dankbar für diese Eingebung, die ich an jenem Tag in Atlanta vor so langer Zeit hatte.

Ich bin dankbar, dass meine Familie noch intakt ist und dass meine Ehefrau, meine beste Freundin, immer noch neben mir im Bett liegt, wenn ich morgens aufwache. Und ich bin dankbar, dass selbst noch Jahrzehnte später einer von uns sich hin und wieder morgens zum anderen auf die Bettseite rollt und fragt: "Was kann ich tun, um dir den Tag zu verschönern?"

Diese Frage zu stellen und sie gestellt zu bekommen, das ist, warum es sich lohnt, morgens aufzuwachen.

Meine älteste Tochter Jenna sagte vor Kurzem zu mir: "Meine größte Angst als Kind war, dass du und Mom euch scheiden lasst. Dann, als ich zwölf war, dachte ich, dass es vielleicht besser wäre, weil ihr so viel gestritten habt." Dann fügte sie mit einem Lächeln hinzu: "Ich bin froh, dass ihr euch wieder zusammengerauft habt."

Liebe wird nie langweilig.

Liebe hat kein Problem mit Langeweile, sie holt das Beste aus ihr heraus.

Kapitel 3
Langeweile im Beruf

Ich möchte Ihnen eine Frage stellen:
Welchen Sinn hat ihr Beruf?

Legen Sie einmal für ein paar Minuten dieses Buch zur Seite und denken Sie darüber nach. Und lassen Sie die eine Antwort weg, die sowieso auf jeden Beruf zutrifft: Geld verdienen.

Nun, haben Sie eine befriedigende Antwort gefunden? Ich wünsche es Ihnen von Herzen.

Jede Woche hat 168 Stunden, davon schlafen wir mal ca. 60.

Von den verbleibenden ca. 100 Stunden dürfen wir Nahrungsaufnahme, Körperpflege, Putzen, Waschen, etc. abziehen. Bleiben ca. 70.

Von diesen ca. 70 Stunden verbringen wir ca. 50 im Beruf.

Die Kinder sind von früh bis spät von Fremden betreut, mit dem Partner spricht man laut Studie satte fünf Minuten am Tag.

Wem wird hier alles und jedes untergeordnet?
Dem Beruf.

Im Wort Beruf steckt das Wort Berufung. Fühlen Sie sich für Ihren Job berufen?

Denken Sie, dass Sie nichts besser machen können, als das, was Sie gerade machen? Können Sie am Ende des Tages sagen, dass Ihr Tun und Denken Sinn macht? Anderen hilft?

Oder geht es Ihnen wie meinem Schulfreund, der mir einmal sagte: „Ich weiß, mein Job macht die Reichen reicher und die Armen ärmer. Aber ich denke möglichst wenig daran, dann kann ich es aushalten."

Selbstverständlich gibt es keinen Beruf, der einem immer Spaß macht, der ohne allzu viel Anstrengung enorme Mengen an Geld einbringt. Tragischkomisch sind in diesem Zusammenhang die flotten Sprüche von Personen aller nur möglichen Professionen, die genau dies behaupten.

Ja, aber die Stars, die haben doch das Leben, das alle wollen...!

Ich war erstaunt zu lesen, dass selbst ein Schauspiel-Superstar wie Morgan Freeman aus lauter Angst davor, nicht mehr engagiert zu werden, noch in seinem hohen Alter regelmäßig anstrengende Rollen übernehmen muss.

Beine hochlegen spielt es nirgends weniger als im heiß umkämpften Showbusiness.

Wie froh kann man sein, wenn man neben dem Job auch noch Privatmensch sein kann, wenn sich nicht das ganze Ego über den Beruf definiert. Die Identifikation mit einer Aufgabe darf nicht so weit gehen, dass man gar nichts Anderes im Leben mehr hat, bzw. das ganze vielfältige Leben immer nur von einer bezahlten Beschäftigung her betrachtet.

Abwechslung im Beruf ist schön, aber jedes Jahr den Beruf wechseln, nur damit einem nicht fad wird, ist nicht schön.

Den Partner fürs Leben zu finden, steht für viele an erster Stelle, schön ist natürlich auch ein Job fürs Leben, in dem man gerade auch im höheren Alter noch seine Erfahrung und Weisheit einbringen kann.

Das schnelle Verheizen möglichst junger und damit körperlicher fitter und privat oft ungebundener Mitarbeiter ist heute in Unternehmen leider weit verbreitet. Wie treffend hat einmal ein junger Manager gesagt: „Für Heiraten und Kinderkriegen ist immer die falsche Zeit. Vom Job her gesehen. Da ich aber beides haben möchte, bestimme ich selbst den Zeitpunkt, und der ist jetzt."

Stillstand ist Rückschritt.
Ja, stimmt, zum Beispiel im Bereich der Technik. Legendär ist der Satz des Nixdorf Sprechers, der meinte: „Unser Produkt ist endgültig ausgereift, wir entwickeln es nicht weiter." Nun ja, sieht man sich die damaligen Kassenmodule des Computergiganten an, bemerkt man schnell, dass anderen doch noch ein paar Kleinigkeiten eingefallen sind, die man weiterentwickeln konnte. Sehr zum Wohl der Menschen, die damit arbeiten müssen.

Stillstand ist Rückschritt.
Nein, stimmt nicht, zum Beispiel in den Bereichen des Lebens, die nicht veränderbar sind. Dass wir eine Rechtsordnung haben, die uns vor dem willkürlichen Handeln rücksichtsloser Menschen schützen soll, ist gerade im Arbeitsleben ein hoher Wert. Ich würde dies nicht gegen eine frei fließende Gesellschaft tauschen wollen, wo jeder tut, was er will. Und wo nur ein Recht gilt: Das Recht des Stärkeren.

„Der Mensch ist geboren, um in ewig zappelnder Ruhelosigkeit oder in der tatenlosen Lethargie der Langeweile sein Leben zu verbringen."

Einspruch, Herr Voltaire, dies ist nicht ein zwingendes Gesetz des Lebens, schon gar nicht des Arbeitslebens.

Wir haben es beim Thema Langeweile mit den Basics unseres Daseins zu tun. Dass wir uns dem Ganzen über verschiedene Lebensbereiche nähern, entspricht dem Gegenstand und kann helfen, die öden, scheinbar unveränderbaren Trampelpfade unserer ach so freien Welt zu umgehen.

Probieren wir es mal mit einer netten, kleinen Weisheitsgeschichte:

Ein Steinmetz saß am Fuße eines mächtigen Berges und bearbeitete in der Hitze der Mittagssonne einen Felsen. Es war sehr anstrengend, und er schaute nach oben und sprach:
„Lieber Gott, was bin ich für ein armer Mann. Könnte ich doch die Sonne sein, die auf alles scheint, dann ginge es mir immer gut."
Er hatte diesen Wunsch gerade ausgesprochen, da wurde er die Sonne. Nun stand er hoch oben am Himmel und schien auf alles herab und freute sich.
Plötzlich kamen Wolken auf und versperrten ihm die Sicht auf die Erde.
„Lieber Gott", sagte er „was nutzt es mir die Sonne zu sein, wenn die Wolken mächtiger sind – könnte ich doch die Wolken sein!"
Es dauerte nicht lange, und er war die Wolken und zog gemächlich über die Erde. Ein Sturm kam auf und trieb die Wolken auseinander.

„Lieber Gott, wenn der Sturm mächtiger ist, so möchte ich lieber der Wind sein, der über die Erde weht."

Er wurde der Wind, wehte über die Erde und freute sich an seiner Kraft. Plötzlich wurde er von einem hohen Berg aufgehalten. Der Wind brach sich an dem mächtigen Berg.

„Lieber Gott, so stark und so mächtig möchte ich sein, dass ich sogar den Wind aufhalten kann."

Er wurde zu dem hohen Berg und stand majestätisch da.

Auf einmal merkte er, wie unten an seinem Fuße jemand saß und hämmerte...

Ich habe erfreuliche Nachrichten für Sie: Durchaus möglich, dass Sie schon den Beruf haben, der gut für Sie ist. Obwohl Sie es manchmal nicht wissen. Weil man es durch Anstrengung und Langeweile immer wieder vergisst. Aber die gibt es in jedem Job der Welt.

„Arbeit macht das Leben süß", dem werden wohl insbesondere Menschen zustimmen, die durch Arbeitslosigkeit, Krankheit, Unfälle, o.Ä. daran gehindert waren, einer Arbeit nachzugehen.

Die Stunden und Tage können wirklich lang werden.

Eine konstruktive Abhilfe mag das Studium von Büchern und Informationen sein, die mit der Arbeit in Zusammenhang stehen und für die man sonst wenig Zeit hat.

Auch hier stehen wir vor der wichtigen Herausforderung, Leerläufe sinnvoll zu nutzen, die Langeweile kann uns dazu ausreichend Motivation liefern.

Weiter hinten im Buch finden Sie einen einfachen Tagesplan mit dem ich innerhalb von zehn Jahren drei Studien abschließen konnte. Das System lässt sich spielend leicht auf viele Lebenssituationen übertragen, in denen (plötzlich) ungewohnt viel Zeit zur Verfügung steht.

Die Langeweile ist der Anstoß, der Blick nach vorne die Motivation, der Friede im Herzen der schöne Lohn für sinnvoll verbrachte Zeit.

Ich selbst liebe es, freie Zeit in ruhiger und gelassener Atmosphäre zum Ordnen von Dingen zu nützen, die ich dann während der Arbeitszeit brauche. Dies ist für mich keine Arbeit, sondern ein entspannendes Vergnügen. Hier etwas aufräumen, dort etwas vorbereiten, ganz einfach die Arbeitsabläufe abrunden und optimieren durch ein lockeres Abklären und Einrichten in der Frei-Zeit.

Mitten im Trubel der Arbeits-Zeit kommt dann große Freude darüber auf, dass man die Dinge vorher ohne große Anstrengung vorbereitet hat, und diese Freude ist ein stets willkommener Energieschub, der die Hektik um einiges erträglicher macht.

Summa summarum ein wunderbarer Tausch: Zunächst wird Langeweile in sinnvolle Zeit und danach Hektik in freudvolles Arbeiten gewandelt.

Viele Menschen kennen diese schönen Dinge (noch) nicht, sie erleben vielmehr „Arbeit macht das Leben krank.", wenn sie aus lauter Angst vor Langeweile zum alles bestimmenden Lebensinhalt wird.

„Hackeln bis zum Umfallen." sagen die Wiener, und dies betrifft gerade nicht nur viele arme Menschen, die aus materieller Not mehr arbeiten müssen als sie können, sondern auch Menschen, die mit freier Zeit nicht umgehen können. Wenn endlich mal Möglichkeit zum Nachdenken ist, aber man vor lauter Sorgen und Schmerz diese Chance nicht mehr nützen kann oder will.

Dann wird Arbeit zur Droge, die den Menschen vereinnahmt und ihm keine Pause gönnt, ein Suchtmittel, das zu Krankheit und Tod führt.

Wikipedia sagt dazu:

Die so genannte Arbeitssucht (englisch Workaholism, von engl. work, dt. Arbeit und alcoholism, Alkoholismus) bezeichnet das Krankheitsbild eines „arbeitssüchtigen", eines für sein (vermeintliches) Wohlbefinden, seine vordergründige Gesund- und Zufriedenheit oder seinen scheinbaren Erfolg von der Ausübung von Arbeit im medizinischen Sinne abhängigen Menschen.

„Arbeitssucht" ist damit eine „stoffungebundene Sucht", bei der eine zwanghafte Haltung zu Leistung und Arbeit entwickelt wird, mit allen von anderen Abhängigkeitserkrankungen bekannten medizinischen und psychischen Folgen und Folgeerkrankungen.

Arbeitssüchtige leben mehr oder weniger ausschließlich für ihre Arbeit; dabei stehen zumeist Qualität und Quantität, nicht jedoch Bedeutung oder Sinn der zu erledigenden Arbeiten im Vordergrund und es wird eine perfektionistische Grundhaltung umgesetzt.

Die Flucht aus Unsicherheit, Partnerproblemen etc. in die Arbeit hat Folgen: Beziehungen flachen ab, werden gar zerstört. Körperliche Beschwerden können sich einstellen. Depressionen, Angstzustände, Suizid oder -versuche, Frühverrentung und vorzeitiger Tod sind häufiger als im Durchschnitt bei Arbeitssüchtigen anzutreffen. Arbeitssucht ist öfter verbunden mit Alkohol-, Tabletten- und Nikotinmissbrauch.

Ja, es ist tatsächlich lebens-not-wendig, sich mit Langeweile bewusst auseinanderzusetzen, deren gute Seiten zu erkennen und das Leben entsprechend umzustellen.

Schließen wir dieses Kapitel mit einigen Zitaten:

Gewiss kein Freund der Gärtnerei wäre zufrieden,
wenn auf einmal alles reif gewachsen da stände,
und er nichts zu tun hätte als zu pflücken.
Jean Paul

Wenn das ganze Jahr Urlaub wäre,
wäre das Vergnügen so langweilig wie die Arbeit.
William Shakespeare

Auf die Arbeit schimpft man nur solange,
bis man keine mehr hat.
Sinclair Lewis

Persönlichkeiten werden nicht durch schöne
Reden geformt, sondern durch Arbeit
und eigene Leistung
Albert Einstein

Ein Mensch, der seine Arbeit liebt,
wird niemals alt.
Pablo Casals

Kapitel 4
Langeweile im Sport

Ja, geht's noch, was hat denn Langeweile mit Sport zu tun?!

Oh, gar nicht mal so wenig, zunächst einmal machen sich viele Menschen einen wahren Sport daraus, der Langeweile zu entfliehen. Also gleichsam ein Marathonlauf, der das ganze Leben dauert, nur fort, fort an einen anderen Ort, wo es in Ewigkeit nicht mehr fad ist.

Oder auch im Stil der lieblichen Kampfsportarten wird hier einfach mal draufgedroschen. Mit allem, was man hat. Auf die Langeweile mit Gebrüll, volle Kanne drauf auf diesen lästigen Gegner, der einem immer wieder entschlüpfen will, um dann umso unerwarteter wieder zu kommen.

Destroy and destruck, zack, zack, weg mit dem Speck!
   Piep, ich bin noch da, sagt die Langeweile. Na, gut, dann halt nochmal drauf…

„Versuchen, die Zeit totzuschlagen, also das Leben totzuschlagen, das ist die schwerste 'Erkrankung' die es gibt." wusste schon Prentice Mulford.

Es ist ein großes Tabu, dass Sport überhaupt langweilig sein kann. Von seinem Anspruch als allesbelebende Ersatzreligion her scheint dies eigentlich ausgeschlossen. Warum betreibt jemand Sport? Sicher nicht, um sich zu langweilen.

Unvergesslich sind mir aus meiner Kindheit die großen Fußball-Endspiele mit ganz, ganz vielen Superstars, Zuschauern und Erwartungen und ganz, ganz wenigen Toren. Ja selbst das Elfmeterschießen wird auch mal fad. Nach dem Spiel der Spiele sind gute zwei Stunden vergangen, man schaltet die Glotze ab und ist enttäuscht. Zwei Stunden Lebenszeit, in denen zig Millionen Zuschauer wohl einen produktiveren Beitrag für eine bessere Welt hätten leisten können.

Mir entzieht sich bis heute die Faszination einer luftgefüllten Lederkugel, der zweiundzwanzig Menschen hinterherlaufen. Als Zehnjähriger habe ich diesen Sport aufgrund seiner hohen Verletzungsgefahr einfach mal sein lassen und stattdessen Tennis gespielt.

Ich erinnere mich an ein Wimbledon-Endspiel, der ganze Tennisclub ausgestorben, weil alle daheim vor dem Fernseher saßen, nur zwei Jugendliche haben die Gelegenheit genützt und voll Freude selbst Tennis gespielt. Das hat mir imponiert und einen schönen Maßstab für Realitäten des Lebens und Freiheit des Menschen geliefert.

Konzentration, Disziplin, Überwindung eigener Schwächen, Ausdauer, Schnelligkeit und die schlichte Erkenntnis, dass der einzige wirkliche Gegner im Leben man selbst ist, waren für mich sinnvolle Früchte des Sports.

Einen ganzen Sommer lang habe ich aus Langeweile jeden Tag mindestens fünf Stunden lang oft in brütender Hitze mit meinem Freund die Filzbälle über das Netz geballert. Wir hatten schlichtweg nichts anderes zu tun. Der nette Nebeneffekt dieser Beschäftigung war, dass ich danach spielend leicht zwei Spieler besiegen konnte, die früher kaum zu schlagen waren.

Unter diesem Aspekt bewundere ich bis heute die enorme Ausdauer und Zielstrebigkeit, die alle Champions an den Tag legen. Wie langweilig muss es sein, stundenlang nur einen Schlag, Wurf, Schuss, o.Ä. zu üben. Repetitio est mater studiorum, die Wiederholung ist die Mutter der Studien. So lernt und trainiert man, und in der aufregenden Wettkampfsituation kann die Fähigkeit wie im Schlaf abgerufen werden.

Nicht weniger erstaunlich ist die Beharrlichkeit der Trainer, Sparringspartner, Materialwarte und aller anderen, die hier mitwirken müssen.

Und es geht immer noch besser. Ein berühmter Trainer hat einmal erklärt, dass die von ihm betreuten Turnerinnen ihre Übungen so gekonnt ausführen sollen, dass der Zuschauer den Eindruck gewinnt, das könnte er spielend leicht nachmachen.

Das erste Mal auf einem Stufenbarren im Turnsaal hat mir dann umso mehr Respekt vor dieser Beharrlichkeit im langweiligen Training der Sportler eingeflößt.

Ein schönes Beispiel, wie Langeweile überwunden werden kann: Man lässt sich durch sie nicht abhalten, Dinge immer wieder einzuüben, um sie bestmöglich zu vollbringen. Man entdeckt den Sinn und sogar Reiz des scheinbar immer Selben, das in Wirklichkeit immer wieder anders ist. Nur muss man es eben trotz der Anfechtung durch die Langeweile tun, um dies herausfinden zu können.

Ganz ähnlich geht es Musikern beim Üben, Müttern beim Windelwechseln, Partnern beim Frühstück, Schülern beim Lernen…

Der Rapper 50 Cent hat dazu gesagt: „Die meisten Leute können nicht mit Langeweile umgehen. Das bedeutet, sie können nicht bei einer Sache bleiben, bis sie darin gut sind. Und dann wundern sie sich, wieso sie unglücklich sind."

Wie wunderbar hat Wladimir Horowitz schon als junger Pianist gespielt, wie nochmal unbeschreiblich wunderbarer als alter Mann in Moskau, nach der wohl zehntausendsten Wiederholung des immer gleichen Stückes. Alles nachzuhören auf YouTube, dort gibt es tatsächlich auch Kunst und Kultur.

Ein Musiker meinte einmal: „Wenn ich einen Tag nicht übe, merke ich es; wenn ich zwei Tage nicht übe, merken es meine Freunde; wenn ich drei Tage nicht übe, merken es die Kritiker; wenn ich vier Tage nicht übe, merkt es das Publikum."
Wie schön, wenn die gesunde Wiederholung vom Trott zur Freude wird, von der Last zur Hilfe, vom Immer-Gleichen zum Immer-Neuen!

Ja, alle wollen gewinnen, denn dann ist alles gut. Die Zuschauer jubeln, du sammelst Geld und Titel, und alle haben dich lieb. „Winning titles.", so hat es Bastian Schweinsteiger mit zwei Worten auf den Punkt gebracht, als er gefragt wurde, welches Ziel er bei seinem neuen Verein habe.

Upps, das kann manchmal aber auch ganz anders laufen. Michael Schuhmacher hat eine Zeitlang andauernd genau das getan: Gewinnen. Zunächst waren alle begeistert bis fasziniert, doch schon bald gab es auch Kritik. Dem besten Piloten aller Zeiten wurde tatsächlich vorgeworfen, er zerstöre die Formel 1.

Was hatte er getan?
Gewonnen.

Was ist das Problem dabei?
Langeweile.

Als wäre das abgedröhnte Im Kreis Fahren nicht schon langweilig genug…
Nebenbei bemerkt waren auch wieder viele Menschen fadisiert, als Schuhmacher bei seinem Comeback-Versuch nichts mehr gewonnen hat.

Fazit:
Die Langeweile ist ein Luder, wie man in Wien sagt.

Und dann ist da natürlich auch noch die Fitness zu erwähnen, hier ist alles „just for fun", ohne Wettkampf, einfach „work out".

Also raus aus dem grauen Berufsalltag hinein in den grauen Fitnessalltag. Strampeln und schwitzen, und immer schön lächeln und locker sein, und dann zur Abwechslung mal strampeln und schwitzen, es muss ja schließlich ein gestylter Body her.

Nicht wenige Menschen machen daraus sogar noch mehr. Körperkult nennt sich diese Geisteskrankheit, dümmer geht's wirklich nimmer.

Das Haus, in dem ich wohne, ist auf einem ehemaligen Friedhof erbaut, so findet man dort immer wieder kleine Knochenteile. Gestählte Bodies habe ich dort noch nicht angetroffen, soviel zum Thema Körperkult und seine Zukunftsperspektiven.

Man kann aber auch ganz einfach das Hochzeitsfoto der lieben Großeltern anschauen, um mit realistischen Erwartungen dem Körperkult zu begegnen. Jünger und knackiger werden wir alle nicht.

"Everybody wants to be a bodybuilder, but nobody wants to lift no heavy-ass weights.", war da ein erstaunlich sinnvoller Satz von Body-Superstar Ronnie Coleman.

Ähnliches gilt natürlich für alle Sportarten, es ist erstaunlich, mit welchem Einsatz an Zeit, Geld und Nerven viele Menschen ihre spärliche Freizeit hier aufbrauchen.

„Rennen bis zum Rausch" erinnert an „Hackeln bis zum Umfallen", beides kann vom eher nicht so ganz gelungenen Umgang mit Langeweile herrühren.

Immer wieder kommt es auch vor, dass ein Couch-Potato zum Sport-Freak wird, ohne dass sich dabei irgendetwas an seinem Grundproblem ändert: Langeweile.

Den Sprung hinaus schafft man nämlich weder mit sechs Stunden Fernsehen noch mit sechs Stunden Training. Langeweile will verstanden, nicht verdrängt werden.

Fazit: Natürlich sind Bewegung und Sport wichtig, aber bitte mit Maß und Ziel und den richtigen Erwartungen.

Meine absolute Lieblingssportart ist leicht beschrieben: Laufen. Ich kann sie leider nicht mehr ausüben, aber aus langjähriger Erfahrung ausdrücklich empfehlen. Ein einfaches Fachbuch als Wissensgrundlage, ein paar gute Schuhe, los geht's.

Ein bisschen erlöster müssten sie aussehen die Jogger, dann würde man diesen schönen Sport noch mehr zu schätzen wissen.

Sie ahnen schon, welchen Einwand man am öftesten hört, wenn es um das Laufen geht…

Es ist langweilig.

Die Antwort darauf ist einfach: Just do it.

Kapitel 5
Langeweile im Extremen

Neben dem normalen Sport mit Regeln und Abläufen hat sich in den letzten Jahren ein weiterer Trend entwickelt: Extremsport. Es sei hier die Frage gestattet, warum Menschen mit normalem Sport nicht das Auslangen finden?

Damit die Suche nach der richtigen Antwort nicht zu langweilig wird, schalten wir nun mal auf Millionenshow-Format um:

Extremsportler üben ihren extrem wichtigen Sport deshalb aus, weil normaler Sport für sie

      O asymptotisch   O fluoreszierend
      O langweilig   O transzendent

ist.

laaaangweilig!

Womit wir auch schon beim Thema wären:
„Hallo, ich bin der extremsportliche Maxi, und ich möchte Euch heute erzählen, was ich auf meiner letzten Tour mit meinen total freakigen Freunden, mit meiner uga-muga super tollen Ausrüstung in der extra-weit-entfernten Area im unglaublichsten Flecken der Erde erlebt habe.

Ich bin mir gar nicht mal so sicher, warum ich diese total irre Aktion eigentlich durchgezogen habe, entweder wollte ich meine Ex-Freundin beeindrucken, oder meinen Chef und die mich ständig belächelnden Kollegen dazu bringen, dass sie erkennen, was für ein cooler Typ ich eigentlich bin, oder auch mal, nur so, in einem viralen Video zu sehen sein, obwohl mir das alles natürlich nichts bedeutet.

Im Grunde geht es wohl darum, dass mein sehniger Luxusbody die coolen Glückshormone ausschüttet, wenn er merkt, dass er ums Haar nicht gestorben ist. Wüsste ich einen anderen Weg, wie er das macht, könnte ich mir vielleicht die ganze Plackerei sparen. Interessant, dass Glück anscheinend von Hormonen abhängig ist,… ähm, ja, wow,…

Na, jedenfalls war das ur-super, was ich da gemacht habe, ich rate jedem von der Nachahmung ab, weil so etwas Ur-Superes, das kann nur ich, und überhaupt, wo kommen wir da hin, dass am Schluss vielleicht noch irgendwer, das nachmacht, und dann behauptet, das war gar nicht ur-super.

Außerdem ist das ganz, ganz, ganz gefährlich, also ich möchte jetzt wirklich nicht angeben, aber es ist wirklich ganz, ganz, ganz extrem gefährlich, also bitte nicht dumm sein, und auch so dumm sein wie ich.

Schließlich war die voll steile Aktion auch nicht ganz legal, also wir haben extrem viel Ärger mit der Polizei bekommen, ihr seht das im Video ab Minute 08:15, aber no risk, no fun.

Und dass ich das alles eigentlich nur getan habe weil mir ur-fad war, darf natürlich niemand erfahren.

Auf jeden Fall bin ich noch ganz aufgewühlt durch den Kick, den mir dieses Event gegeben hat und kann es kaum erwarten, meiner Beschäftigung als Adrenalinjunkie möglichst bald wieder nachzugehen, weil eines ist für mich undenkbar: Ein langweiliges Leben zu führen."

© 2019 Maxi „Gaxi" Dampf

Wenn dem Maxi die ständig erzwungene Ausschüttung der Glückshormone eines Tages dann doch langweilig wird, kann er es ja mit anderen extremen Dingen probieren.

Hier ein paar Vorschläge:

1. Drogen

Alles oben Gesagte trifft auch auf dope zu, ey, das Ganze ist natürlich viel chilliger, weil das schwitzige Training und so, ey, das ist doch einfach viel zu stressig. Ich wollte noch ergänzen: ey.

Lassen wir nun Jim Caroll zu Wort kommen, in „The Basketball Diaries", also der perfekte Übergang vom Sport als Droge zur Droge als Sport:

"Wisst ihr, es gibt sehr verschiedene Junkies. Es gibt reiche und sehr beknackte Arschlöcher, die hin und wieder was einschmeißen. Die haben auch immer genügend Geld übrig, um an die Riviera abzuhauen, wenn es ihnen zu Hause zu gefährlich wird. Die Straßenjunkies hassen diese Wixer. Man kann sie ganz gut linken und wegen ihrem Geld werden sie toleriert. Dann gibt es auch noch die gehobene Mittelklasse: die Westchester Poppers, die sind im Grunde genommen genauso, aber sie sind ganz brauchbar, weil sie Mum und Dad die Augen öffnen für das soziale Virus, weil sie auch die Regierung unter Druck setzten, damit sie was tut. Und dann sind da noch wir Streetkids. Wir fangen schon sehr, sehr früh an, mit 13 oder so. Wir glauben wir hätten alles unter Kontrolle. Wir könnten nicht auf die Schnauze fallen.

Doch meist haut das nicht hin, ich bin das lebende Beispiel. Aber am Ende begreift man, dass Junkie zu sein auch nur ´n Job von 9 Uhr bis 5 Uhr ist. Die Stunden werden dabei nur immer dunkler."

2. Okkultismus

Tanja Adamus schreibt dazu:

„Ein erstes zentrales Motiv für den Umgang mit Okkultismus ist die Langeweile und die daraus resultierende Suche nach einer spannenden Freizeitbeschäftigung, denn dieses ist es, was sich die Jugendlichen vordergründig von beispielsweise Geisterbeschwörungen versprechen.

Viele von ihnen glauben ja zu Beginn nicht, dass diese Praktiken tatsächlich funktionieren, vielmehr geht es um die Spannung beim Versuch: klappt es oder klappt es nicht?

Darüber hinaus entsteht die Spannung auch dadurch, dass es sich hierbei um die Konfrontation mit dem Bereich des Unheimlichen, Unerklärten handelt.

Schließlich spielt auch noch ein drittes Moment eine Rolle bei dem Versuch auszumachen, warum gerade okkulte Praktiken wie Gläserrücken oder Pendeln auch über längere Zeit das Interesse der Jugendlichen als spannende Freizeitbeschäftigung fesseln können, nämlich jener der Gefahr.

Wer sich auch nur oberflächlich mit okkulten oder esoterischen Themen befasst, wird schnell auch auf Warnungen stoßen, die von einem leichtfertigen Umgang mit okkulten Praktiken abraten.

Ob man nun den angeblichen Schauermärchen im Tenor von „die Geister die ich rief, wurde ich nicht mehr los" glaubt oder nicht, auf Jugendliche, die auf der Suche nach dem „Kick" für ihren langweiligen Alltag sind, werden solche Berichte sicher sehr reizvoll wirken.

Schließlich unterstützen sie auch ein bisschen den jugendlichen Rebellengeist, der sich hier über die vermeintlichen Warnungen und Verbote der Erwachsenen hinwegsetzen kann, sicher ebenfalls ein Element, welches den Spannungsgehalt okkulter Praktiken unterstützt (vgl. Helsper, 1992)."

Wo wir schon beim Thema der unheimlichen Langeweile sind, stellt sich auch die Frage: „Wie fad muss einem Menschen sein, dass er sich einen Horrorfilm ansieht?"

Ein mit bluttriefendem Getier und kreiiiiiiiischenden E-Promis ausgefüllter Abend wird bezahlt mit einer Alptraum-getränkten Nacht und der Angst, am Morgen in den Spiegel zu blicken. Und am Ende fragt man sich, wem wohl am allerlangweiligsten war, so dass dieser Lärm überhaupt produziert wurde: Dem Regisseur, den Schauspielern, den Kameraleuten oder dem Publikum?

Nein, es war niemand anderer als der Maskenbildner, der hier seine traumatischen Kindheitserlebnisse als Tom und Jerry Konsument nun als gaaaaanz großer und erwachsener Bub verarbeiten musste.

3. Gedröhne

Ich war gerade zwölf, als die Rolling Stones ihr zwanzigjähriges Bandjubiläum mit einer World Tour feierten. Sie waren steinalt, nämlich ca. 40 Jahre und im Fernsehen lief eine Doku von Rossacher/Dolezal, die mit dem Witz endete: „Das waren die ersten zwanzig Jahre. Beim nächsten Mal zeigen wir die zweiten zwanzig Jahre."

The Witz has come true, und es wurde sogar noch unlustiger, denn mittlerweile wanken sie als über Siebzigjährige über die Bretter, die nicht selten Peinlichkeit bedeuten.

Wie fad muss einem Menschen wohl sein, um sich derart zu produzieren? Wenn dann als Antwort ein heiseres „I can't get no satisfaction" zu hören ist, kann man mit den Rock-Opas nur mehr tiefempfundenes Mitleid haben.

Sicherlich mehr Spaß hatten wir in der Schule beim Thema Gedröhne, als ein Mitschüler seine durchaus gelungene Zeichnung einer voll coolen Band damit krönte, dass das Kabel der E-Gitarre an die Steckdose angeschlossen war.

Viva la musica!, sie ist eine herrliche Gabe, die jedoch leider oft missbraucht wird.

Laut bis zum Hörsturz, schnell bis zum Infarkt, wummernd bis zur Herzrhythmusstörung. Immer extremer, immer dümmer, immer langweiliger.

Für viele ist dies nur mit Drogen zu ertragen, dann haben wir die Langeweile gleich zum Quadrat.

Die einzige Abwechslung während dieser öden Zusammenkünfte scheinen die Gruppenfotos zu sein, bei denen man sich eng umschlungen, andere Flasche in der anderen Hand, der Kamera präsentieren kann, nur um am nächsten Tag das Foto in einer online-gallery neben einhundertsiebenundzwanzig gleichen Fotos untergehen zu sehen.

Mei, is uns fad.

Kapitel 6
Langeweile als Unterhaltung

1. Kino

Freuen Sie sich auch schon auf den neuen Film mit Superstar Ägo Goodmen? Das Plakat verspricht ein völlig neues Kinoerlebnis, Ägo hat deutlich sichtbar ein ganz tolles Etwas in seiner Hand. Man kann damit Dinge auf die Reise schicken, die Menschen auf die Reise schicken. Und es scheint ihm Befriedigung zu bereiten, jedenfalls schaut er grimmig-zuversichtlich ins Nichts, in seinem Arm Supermodel Flitt Chen, die so froh ist, dass sich endlich mal wer um sie kümmert.

Vom Trailer ganz zu schweigen, da erscheinen doch tatsächlich orange-schwarze Wolken, wo gerade noch irgend so ein unnötiger Hubschrauber, homo sapiens oder Wolkenkratzer stand. Dabei sind ähnliche Geräusche zu hören, wie aus den meisten Kinderzimmern, wenn dort friedens-fördernde Spiele auf dem PC gespielt werden.

Na, also ich bin schon mal gespannt.

Zurzeit ist ja überhaupt wieder mal extrem viel los in den Kinos. Extrem intensiv, extrem dicht:

Im neuen Alien-Film kommen angeblich sogar Computeranimationen zum Einsatz, so ganz echt aussehende. Na wumsti-bumsti, das wird sicher total spannend, wenn die mal endlich die Welt vernichten. Überhaupt ist es schön zu wissen, dass sich irgendwo da ganz weit draußen doch noch ein paar abartige Kreaturen für uns interessieren, wie einsam und langweilig wäre es sonst in diesem eher langatmigen Weltall.

Für den neuen Boxerfilm hat der eher schmächtige, aber extrem wandlungsfähige Leopold DiesmalkriegichjetztendlichdenOscar voll hart trainiert, um uns glaubhaft die faszinierende Story des Underdogs, dem überhaupt niemand eine Chance gab, außer seiner Freundin, die er aber verlassen hat, und natürlich seinem Trainer, der ihn schon fast(!) aufgegeben hatte, er dann nicht mal selber mehr an sich glaubte, aber irgendwie(!) dann doch wieder, als seine Ex-Freundin und sein Trainer und so weiter und so fort, na jedenfalls steuert alles auf den ganz, ganz großen Fight mit dem eigentlich unschlagbaren Monsterboxer zu, dessen Freundin eine eingebildete Zicke ist, die nur an sich selbst glaubt und dessen Trainer ein gewissenloser Wahnsinniger ist, der nur an das Geld glaubt, zu, in dessen Verlauf vor lauter Blut und Schweiß niemand mehr an irgendwas glaubt, sondern einfach sabbernd die intensive Ästhetik dieses Meisterwerks der Cineastik genießt.

Ganz, ganz wichtig sind natürlich die Kinderfilme, ach, wie schön, auch für die Kleinen gibt es wieder einen originellen Streifen aus der Traumfabrik mit unglaublich lustigen Hundstrümmerln, die zum Leben erwachen und faszinierende Abenteuer erleben. Viel mehr braucht man dazu nicht sagen, der Rest ist Poesie.

Aber was wäre die Welt des Kinos ohne die Frauenfilme? Wenn woanders das Pathos nur trieft, wird es hier mal eben in gendergerechten Fontänen über das PublikumIn verteilt.

Die gaaaanz großen Gefühle, echte Traum-Männlein (die gibt es ja doch, man muss sie sich nur fest genug vorstellen), außer ein bisschen Landschaft wenig Realität, ein Soundtrack mit bedenklichen Cholesterinwerten, und natürlich noch viel, viel mehr, das man einfach nicht begreifen kann, schon gar nicht als Mann.

Männerfilme braucht man nicht extra zu drehen, Blut, Würg, Murks und andere bewährte Zutaten finden sich heute ohnehin schon in jedem Film.

Was ist eigentlich nicht langweilig im Kino?

Oh, da gibt es genug: Poesie, Selbstironie, Dramatik, Gesichter, Geschichten, Flow, Details, Kamerafahrten, Slapstick, Wendungen, Weisheit, Hintergründigkeiten,…

2. Comedy

Endlich mal lachen können, das Leben ist ohnehin schon ernst genug.

Vielleicht kennen Sie den Witz von dem Schiff mit der internationalen Besatzung, auf dem es schlecht lief. Der Kapitän hatte nämlich die Engländer für das Essen, die Italiener für' s Ordnung machen und die Deutschen als Unterhalter eingesetzt.

Schließlich hatte er die rettende Idee: Die Engländer machten die Witze, die Italiener das Essen und die Deutschen sorgten für Ordnung. Und alles lief wunderbar.

Dieses Kapitel handelt weder von Essen noch von Ordnung, sie ahnen also, worauf ich hinaus will: Schenkelklopfen allein macht noch nicht gute Stimmung. Hau Ruck, jetzt wird mal Spaß organisiert, und zwar bisschen plötzlich, auch nicht.

Die Wiener gehen es eher gemächlich an, nach dem soundsovielten Glaserl läuft der Schmäh und nimmt beständig an Fahrt auf, bis er schlussendlich rennt.

Was hat die deutsche Comedy außer Otto und Schuh des Manitou in den letzten Jahren eigentlich hervorgebracht?
    Har, har.

Und wem das nicht genug war, dem wurde Folgendes geboten: Har, har.

Andere sind dankenswerter Weise eingesprungen, Olli Kahn zum Beispiel, der musste die verschreckten Journalisten noch eigens darauf hinweisen, dass sein Satz: „Das geht heute gar nicht mehr, dass du als Torwart total fehlerlos spielst, der einzige, der das kann bin ich." gar nicht ernst gemeint war. „Das war ein Witz."
 Worauf diese befreit lachen und nicht nur unsicher kichern konnten. „Das war ein Witz." noch ein zweiter Hinweis, damit es wirklich alle realisieren konnten.

Überhaupt fällt auf, dass bei vielen Kommentaren das Publikum die Pointe nicht so recht versteht, für ein „Hihi, das war jetzt wohl komisch, und ich darf keinesfalls zeigen, dass ich's nicht geschnallt habe." reicht es aber immer.

Schließlich sind ja die Kameras auch ständig auf die anwesenden Zuschauer gerichtet, also bitte nur ja nicht auffallen, sonst wird man am Tag nach der Ausstrahlung in den sozialen Netzwerken gedisst, weil man den superlustigen Witz des gerade eben mal angesagten Comedians nicht kapiert hat.
Beweisvideo gleich angehängt.

Lustig. not.

Im bewährten Schema der deutschsprachigen Kollektivschuld, kann man hier auch mal den Kollektivspassss erwähnen. Alle sollen es lustig haben, noch mehr, alle sollen lustig sein, nein im Grunde, alle müssen lustig sein.

Wehe dem, der die Stimmung trübt, Spasssssssbremsen können ihre Gesundheit gefährden.

Sitzen sie im Publikum einer Spasssssveranstaltung tragen sie besondere Verantwortung für das Wohlergehen der Völker.

Schließlich muss das Publikum vor der Glotze durch die sich schüttelnd-verzerrten Gesichter des Publikums in der Glotze wissen, wann es zu lachen hat.

3. Talk Shows

Wo wir schon bei Spassss sind, den gibt's mit höherem Anspruch gewürzt auch in den unsagbaren Talk-Shows.

An sich keine schlechte Idee: Menschen, die etwas wissen, tauschen ihr Wissen, mit anderen, die etwas wissen, aus, und nachher wissen viele andere Menschen mehr als vorher. Theoretisch.

Der praktische Haken bei der Sache ist der Moderator, die begrenzte Sendezeit und insbesondere das Konzept, dass aufregendes Streiten höchste Priorität hat. Sonst wird's langweilig und die Zuschauer wechseln zu handfesteren Streitereien wie Boxkämpfen, Horrorfilmen oder Dokus von Kriegsschauplätzen. Man gönnt sich ja sonst nichts…

Ich war mehrmals in Talkshows eingeladen und habe die kindisch anmutenden Sendekonzepte schon bei der Auswahl der Teilnehmer erleben dürfen. Weiter ging es mit netten kleinen Überraschungen gleich zu Beginn der Livesendung oder netten kleinen Verfälschungen bei Aufzeichnungen. Ein Moderator, der das Thema der Sendung völlig vergisst, ist dann auch schon egal, denn von der Sitzordnung bis zu streitfördernden Kommentaren und Einblendungen ist ohnehin die ganze Sendung auf Krawall gebürstet.

Ich habe in den letzten Jahren Einladungen nicht mal mehr ignoriert, weil mir die ganze Inszenierung einfach zu langweilig ist. Meine alte Freundin hat mir also viel Zeit erspart, danke schön dafür.

Bemerkenswert finde ich auch hier, wie Menschen gehypt und verheizt werden. Hätte es zur Zeit der griechischen Mythologie schon Fernseher gegeben, wären die Talkmaster höchstwahrscheinlich als Götter durchgegangen. Mit enormer Macht auf die Hirne des Volkes, im Wettstreit um Quoten, koste es, was es wolle, und sei es die Ehre von Menschen. Eine derartige Fernsehshow ohne Spott und Hohn auf Kosten anderer ist gar nicht vorstellbar.

Ja, natürlich machen (öffentliche) Personen Fehler, aber die schamlose Ausbeutung einzelner Sätze und Worte, die den Moderatoren wohl jede Sendung passieren, ist primitiv und billig.

Tja, die Götter selbst werden am Schluss natürlich auch in den Ofen gesteckt und ihr Abgang genüsslich zelebriert. Harald Schmidt ist erstaunlich schnell weg gewesen und geblieben, Stefan Raab braucht anscheinend auch keiner mehr, er hat sich selbst verschwinden lassen. Sich und andere zum Trottel zu machen, wird halt eines Tages auch langweilig.

4. Games

Früh übt sich, wer ein Langweiler werden will. Zur pädagogisch-wertvollen Einführung in die faszinierende Welt der Fadesse werden den Kindern heute schon sehr früh fantasievolle Spiele angeboten.

Oh, wie abwechslungsreich kann man doch seine virtuellen Gegner abmurksen, oder mal ganz nebenbei einen dieser lästigen verlorenen Kriege doch noch gewinnen. Die hundert tausenden Toten wussten halt einfach noch nicht, wie man einen Joystick bedient, sonst wäre die Sache sicher anders ausgegangen.

Und das Schönste dabei ist: Alle sind danach ganz entspannt und friedliebend, eine wahrer Segen für ihre Umgebung.
    Ganz ähnlich wird übrigens bei so nettem Zeitvertreib wie Bordellbesuchen argumentiert, auch das macht angeblich alle froh.

    Niemals würde jemand schließlich auf die Idee kommen, dass, wenn das Desktop-Shooting mal langweilig wird, man es auf dem nächsten Level, Realität genannt, weiterspielen könnte. Der Typ, der sich seine Schule auf dem PC schon maßstabgetreu zusammengestellt hatte, wollte doch nur spielen, ach nein, gerade der tut sowas bestimmt nicht…

Wähle deine Waffe, sei ganz groß und stark, verstärke deine Komplexe, weil Nerds nicht jeder mag.

Sei ein Ego Shooter, ja ein ganz ein Guter, lass es niemals zu, neben dir gibt es kein Du.

Du hast einen Freund, der immer bei dir bleibt, Rührung, Pathos, Schneuz, er nennt sich Fadenkreuz.

Noch einen schönen Tag und eine gute Nacht, und weil du so schön zahlst, geben die Gamer auf dich Acht.

Gekaufte Freuden,
die eine gähnende Leere ausfüllen sollen,
sind wachsende Ungeheuer.
Else Pannek

Kapitel 7
Langeweile bei Partys, Oper, Konzert,...

Naja, aber wenn man viel Geld hat, dann müsste Langeweile ein lösbares Problem sein!

Das Beste, das Feinste, das Stärkste, was sollte daran bitte langweilig sein?

Nun, dann werfen wir mal einen Blick auf die netten Elite-Langeweile-Vertreib-Events, Geld macht hier mal genau keinen Unterschied. Ich bin immer wieder reichen Menschen, Jungen und Alten, Männern und Frauen, Kindern und Greisen bei solchen Zusammenkünften begegnet.

Themen waren natürlich immer wieder die unglaublich tollen Dinge, die sie tun, wie viel das alles kostet, wie es ihnen natürlich überhaupt nicht ums Geld, sondern nur um die gute Sache geht, bla-bla-bli-bli-bla-blu,...

Und, fast hätte ich es vergessen, natürlich auch ganz wichtig, wer noch mehr Geld hat, aber natürlich bei weitem nicht so tolle Dinge tut.

Eines kann ich mit Sicherheit sagen, niemals war Essen so langweilig wie mit reichen Menschen. Bornierte Kellner, beknackte Speisekarten, viel Gelaber über Rhabarber, und das Ergebnis von allem:

Ein Riesenteller mit ganz, ganz wenig Essen drauf.

Das so unfassbar gut war, dass ich es leider nicht bemerkt habe.

Ach ja, eines sorgte doch noch für Bauchkribbeln: Das beklemmende Gefühl, dass dieser Gaumenkitzel, den ich gerade zu mir nehme, einen Betrag kostet, für den man mehrere von Hunger gequälte Menschen ein Monat lang ernähren könnte. Und – verrückt, aber wahr – ich insofern doch mit ihnen solidarisch bin, als auch ich heute hungrig nach Hause gehe.

Bei kulturellen Veranstaltungen habe ich es da schon leichter, ich bin ein bekennender Kunstbanause, der sich in Theater, Oper, Konzert, etc. grandios fadisiert. Das Geld behalte ich mir lieber und es landet schließlich zu einem großen Teil bei sinnvollen Projekten, die mich satt und zufrieden schlafen lassen.

Heizen und Geizen, Neid und Streit findet man im kulturellen Betrieb natürlich überall und allezeit. Die Akteure sind zwar alle fein gekleidet, doch erinnert der Kunstzirkus an seinen Vorläufer in Rom.

Heil, Publikum und Kritiker, die Todgeweihten grüßen Euch!

Jeder Fehler bewirkt ein Raunen aus dem Kreis derer, die wohl nicht auch nur eine Minute lang die Leistung der Künstler auf der Bühne erbringen könnten.

Geschehen am Fußballplatz die allwissenden Kommentare oft hinter der Doppeldeckung von Bier und Zigaretten, so sind es hier die einfachen Vergleiche mit unerreichbaren Allzeitgrößen die sehr zum Schaden des sich abmühenden Künstlers ausgehen müssen.

Ach, könnten sie es einfach genießen und die Klappe halten, die Welt wäre ein besserer Ort. Und wenn Fehler bemängeln die einzige Freude sein soll, dann läuft sowieso etwas falsch im fadisierten Kulturzirkus.

Menschen sind keine Maschinen, und das ist gut so. Pianisten, Sänger o.Ä., die diesem Naturgesetz zu widersprechen scheinen, werden erst recht nicht gerne gehört, also wozu das ganze Geraunze?

Aber es gibt in den hohen Künsten auch ein anderes Extrem, beide haben dieselbe Ursache, nachzulesen im Titel dieses Buches:

„Viele Leute scheinen von der fixen Idee besessen zu sein, dass nicht nur im Zirkus, sondern auch in der Musik, Malerei und Literatur nur noch die Clowns eine Chance haben." Das hat niemand Geringerer als einer der größten Musiker aller Zeiten gesagt, Pablo Casals. Ebenso treffend sein berühmtes: „Zeitgenössische Musik ist eine Wüste mit ein paar ausgespuckten Dattelkernen hier und da."

Und dann natürlich die Langeweile-Großwettkämpfe, bei denen man einfach dabei sein muss. Sehen und gesehen werden. Tratschen und betratscht werden. Hallo, hihi, ihr seid auch da!
Na wenigstens sagt einem das mal jemand.

Ach, wie groß ist mein Mitleid mit allen, die drinnen stecken im Hamsterrad der Events, Empfänge, Vernissagen, Partys,..., wenn es am Ende der endlosen Reden und Überflüssigkeiten doch nur ums Buffet geht. Na gut, das kann man auch gemütlicher haben.

Fassen wir nüchtern zusammen:
Geld schützt nicht vor Langeweile. Geld ist in sich langweilig, weil es keine Seele hat. Geld wird dann spannend und lebendig, wenn es für lebensspendende Aufgaben genützt wird. Ansonsten bleibt es totes Metall oder Papier und ganz große Fadesse.

Reiche sind vor lauter Neidern nicht zu beneiden.
Das letzte Hemd hat keine Taschen. Keinen Cent nimmst Du in dein Grab mit, es sollte schon vorher sinnvoll ausgegeben worden sein, um dem Spender mindestens ein gutes Andenken, bestenfalls einen Schatz im Himmel zu garantieren.

> Alles Elend kommt davon, dass wir nicht ruhig allein in einem Zimmer sitzen können.
> Blaise Pascal

8. Kapitel
Langeweile in Vollendung

Ja, liebe Leser, wir sind am Höhepunkt der „Langeweile in verschiedenen Lebensbereichen" angelangt.

Es ist wie bei einer Preisverleihung, alle warten gespannt auf den Sieger. Er wurde im Laufe des Abends sogar schon mehrmals mit diversen Erwähnungen geehrt, aber nun ist noch der Hauptpreis zu vergeben: Biggest Langweiler of all times.

Spannung. Atemlos. Durch die Nacht. Bis es kracht. Der Briefumschlag ist auch schon da. Vibrierende Stimmung. Ein letzter Schwenk in die angespannten Gesichter. Ich, Ich, Ich muss gewinnen…

And the Oscar goes to…

…Fernsehen!

Uff, wow, na, das hat es sich aber wirklich verdient, ein Lebenswerk findet hier endlich seine gebührende Anerkennung.

Wir sehen das Männchen mit dem Bildschirm-Kopf glücklich ein paar Typen und Innen in seiner Umgebung umarmen, wow, so seltsame Freunde hat es, und dann schnell mal den Sakkoknopf zugemacht und erleichtert-stolz nach vorne schweben.

Dann noch die Stiegen hinauf, fast ohne Stolpern geschafft, und jetzt darf es endlich die Trophäe in Händen halten. Das Maß aller Dinge, der Preis der Preise: Ein riesiger, weit geöffneter Mund aus Rubinsteinen, in dessen Mitte mit goldenen Lettern nur ein Wort steht: GÄHN!

Bumstinatzl, was für ein Abend. Und jetzt noch die Rede, ganz kurz natürlich, aber enorm ausdrucksstark, am besten irgendein Zitat eines ganz Großen zu Beginn:

„Es gibt Fernsehprogramme, bei denen man seine eingeschlafenen Füße beneidet." hat Robert Lembke einmal gesagt.
„Es werden immer mehr", dürfen wir heute stolz hinzufügen.
Vielen Dank an alle, die dafür tagtäglich hart arbeiten!
Vielen Dank an alle, die sich davon tagtäglich einlullen lassen!
Ich wünsche noch einen einschläfernden Abend und eine störungsfreie Nacht!"

Es folgen in bewährter Weise pathosreiche Musik, gerührte Mienen, hochsensible Konfettis und natürlich ein endloser Abspann, mit den schönsten Worten, die je über die langweiligste Hauptsache der Welt geschrieben wurden:

In letzter Zeit habe ich festgestellt, dass ich träger werde. Weißt du warum??? Fernsehen. Fernsehen ist das Übelste auf der Welt. Geh jetzt gleich zu deinem Fernseher und schmeiß ihn aus dem Fenster, oder verkaufe ihn und kauf dir eine bessere Stereoanlage.
Kurt Cobain

Ich kann nicht verstehen, warum man sich im Fernsehen für Störungen entschuldigt, aber niemals für das normale Programm.
Otto Preminger

Ich habe in vielen Mistfilmen gespielt, aber Talkshow im Fernsehen? Mein Gott, da kann man ja gleich auf den Strich gehen.
Richard Widmark

Ich bin dafür, den kanadischen Eskimos den neu zu schaffenden Nobelpreis für Intelligenz zu verleihen, weil sie sich gegen die Einführung des Fernsehens ausgesprochen haben.
Peter Wallace

Argwöhnisch wacht der Mensch über alles, was ihm gehört. Nur die Zeit lässt er sich stehlen, am meisten vom Fernsehen.
Linus Carl Pauling

TEIL II
Die Geschwister der Langeweile

Sind Sie noch da?
Na, immerhin haben Sie diesen Satz gelesen.

Hat dieses Buch bisher ihre schlimmsten Erwartungen erfüllt, nämlich langweilig zu sein?

Oder, Hand aufs Herz, haben Sie einfach quergeblättert, um zu sehen, was für öder Kalauer nun im zweiten Teil auf Sie wartet.

Auf jeden Fall kommt jetzt was Neues, uff, na endlich, war ja schon höchste Zeit!

Im ersten Teil haben wir über die reichen Vorkommen der Langeweile nachgedacht, im zweiten Teil wollen wir die Schätze, die wir dabei finden durften, feinsäuberlich ausbreiten und zurechtlegen.
Wenn irgendetwas den Anschein von Intelligenz erwecken will, wird es gerne mit wikipedia Weisheiten gewürzt. Wohlan, so lasset uns lauschen:

„Im Gegensatz zur Muße, die dem Menschen willkommen ist, wird Langeweile als erzwungen und unlustvoll empfunden. Im Gegensatz zur Acedia (Trägheit des Herzens) und zum Taedium vitae (Lebensekel, Lebensüberdruss) ist sie jedoch meist vorübergehender Natur."

Abgrenzen ist ein sinnvoller Vorgang, um das Wesentliche deutlicher sichtbar zu machen, voilá:

Langeweile ist nicht Muße.

Langeweile ist nicht Trägheit des Herzens oder Lebensüberdruss.

Langeweile geht meist vorüber.

In der Umgangssprache werden diese wichtigen Unterscheidungen meist nicht gemacht, sondern alles landet in einem Topf: laaaangweilig, faaaaaad.

Erst auf diese Weise wird Langeweile unerträglich, und sie wird für Dinge verantwortlich gemacht, die sie nicht verschuldet hat.

Arme kleine Langeweile, so schlimm bist du gar nicht, komm, du darfst gerne wieder mitspielen im Lauf des Lebens, in dem du deinen sinnvollen Platz hast, den sonst niemand ausfüllen kann.
    Viele Menschen wissen einfach nicht, dass du Geschwister hast. Sie sind dir ähnlich, daher werden sie oft mit dir verwechselt, und du mit ihnen.

Nun denn, so wollen wir uns deine „lieben" Brüder und Schwestern auf wiki mal näher ansehen:

1. Kapitel

Die unangenehmen Geschwister der Langeweile

1. Acedia, Trägheit des Herzens

*Die **Acedia** [akeːdˈia] (latinisiert aus griech. ἀκήδεια 'Sorglosigkeit, Nachlässigkeit, Nichtsmachenwollen' von κῆδος 'Sorge') ist nach theologischer Lehre eine der sieben Wurzelsünden oder Hauptlaster. Ein deutsches Äquivalent ist schwer zu finden, der Begriff der „Trägheit des Herzens" dürfte aber dem Gemeinten wesentlich näher kommen als der häufig herangezogene Begriff der Faulheit.*

Zur Acedia gehört auch ein Gemütszustand innerhalb des Bedeutungshofs der Traurigkeit, der Melancholie und des Überdrusses. Die sechs „Töchter der Acedia" (filiæ acediæ) sind bei Thomas von Aquin:
- *Malitia (Bosheit)*
- *Rancor (Groll, Auflehnung)*
- *Pusillanimitas (Kleinmütigkeit)*
- *Desperatio (Verzweiflung)*
- *Torpor circa præcepta (stumpfe Gleichgültigkeit gegenüber den Geboten bzw. Vorschriften)*
- *Vagatio mentis circa illicita (Schweifung des Geistes in Richtung des Unerlaubten)*

Na, dann wollen wir mal darauf achten, dass wir der Acedia aus dem Weg gehen, und dass wir ihr Widerstand leisten, wenn sie auf uns zukommt.

Es gibt nicht nur Gutes, das leuchtet zumindest beim Nazi-Beispiel auch Gutmenschen ein. Es gibt Gedanken, Ideologien und sonstiges unsichtbares Dingsbums, das erstaunliche Wirkung entfalten kann.

Haben Sie schon mal die Software auf ihrem Computer gesehen? Ich meine, die Software an sich, nicht ihre schöne, bunte Verpackung. Und doch steuert sie alle sichtbaren Teile des Rechners, unsichtbar, aus dem Hintergrund.

Ganz ähnlich ist es mit unseren Gedanken, die wiederum ständig durch Gedanken anderer upgedatet werden. So ein Update kann ganz schön in die Hose gehen, und man muss die Systemwiederherstellung in Gang setzen, damit Soft- und Hardware wieder ordentlich laufen.

„Müßiggang ist aller Laster Anfang" ist so ein Gedanke.

Dem Müßiggang mittels Arbeit aus dem Weg zu gehen, ist nur eingeschränkt zu empfehlen. Man kann sehr schnell auch in den gegenüberliegenden Straßengraben rutschen, nämlich die Arbeitssucht.

Die goldene Mitte zu finden zwischen Aktion und Kontemplation, zwischen echter Arbeit und echter Erholung, ist eine schöne Aufgabe im Leben. Schwingt man mal im richtigen Rhythmus, weiß man dies auch, und der Rhythmus trägt einen sanft und sicher.

„Mehr noch als Israel den Sabbat gehalten hat, hat der Sabbat Israel gehalten.", heißt eine alte Lebensweisheit. Ein ganzes Volk, das im gesunden Rhythmus schwingt, wie schön ist das!

An sich ist Müßiggang nicht Wurzel allen Übels,
sondern ist, im Gegenteil,
ein geradezu göttliches Leben,
solange man sich nicht langweilt.
Sören Kierkegaard

2. Taedium vitae (Lebensekel, Lebensüberdruss)

Wenn einem alles zu viel wird, ist natürlich auch medizinische Hilfe angebracht. Erfreulicherweise ist die Hemmschwelle, den Rat eines „Seelendoktors" in Anspruch zu nehmen, in den letzten Jahren gesunken. Niemand, der sich von einem Psychotherapeuten, Psychologen oder Psychiater helfen lässt, muss sich dafür genieren. Zunächst kann es sich um ein Fehlen von Stoffen handeln, die der Körper im Normalfall produziert.

Es gibt darüber hinaus viele weitere Gründe, warum man in Zustände kommt, die man allein nicht mehr lösen kann, obwohl dies bisher immer möglich war. Nur Bekloppte halten Menschen, die sich hier vernünftigerweise helfen lassen, für verrückt.

Zaubern können die Experten auf dem Gebiet der seelischen Störungen und Krankheiten natürlich nicht, die Würde des Menschen besteht eben immer auch darin, für sein eigenes Leben mindestens eingeschränkt verantwortlich zu sein, und es daher mindestens eingeschränkt auch mitgestalten zu dürfen.

Die Langeweile hat nur einige unangenehme, dafür aber umso mehr sympathischen Geschwister, die uns Freude schenken, ja sogar unsere Freunde fürs Leben werden wollen:

2. Kapitel

Die freundlichen Geschwister der Langeweile

1. Muße

Mit Muße bezeichnet man die Zeit, die eine Person nach eigenem Wunsch nutzen kann (z. B. um sich zu erholen). Nicht alle Freizeit ist gleichzeitig auch Muße, da viele Freizeitaktivitäten indirekt von Fremdinteressen bestimmt werden.

Die ursprüngliche Bedeutung des Wortes (althochdeutsch „muoza", mittelhochdeutsch „muoze") war Gelegenheit, Möglichkeit.

2. Chillen

Chillen (engl.: kühlen, abkühlen; im amerikanischen Slang auch: sich beruhigen, sich entspannen, rumhängen, abhängen) ist ein aus dem englischen Sprachgebrauch übernommener Begriff.

Er wird vor allem in der heutigen Jugendsprache für „entspannen" („Chill mal!", statt „Reg dich ab!") oder „abhängen" („Lass ma' chillen!") verwendet.

Mit der Zeit entwickelten sich diverse Variationen des Begriffs „chillen", wie zum Beispiel „chillig", „Chiller" oder „gechillt".

3. Erholung

Als Erholung, Regeneration oder Rekreation versteht man die Rückgewinnung verbrauchter Kräfte und Wiederherstellen der Leistungsfähigkeit. Der Begriff stammt ursprünglich aus der Medizin und bedeutet „wieder gesund werden".

Mit Erholung wird allgemein der Vorgang bezeichnet, wenn sich ein biologischer Organismus nach einer anstrengenden Tätigkeit, nach körperlicher Ermüdung und geistiger Erschöpfung, aber auch von Verletzungen oder Krankheiten durch eine Ruhephase wieder regeneriert und Kräfte sammelt (Restitutio).

Zur Erholung im biologisch-medizinischen Sinne gehört also hauptsächlich der Schlaf, Ruhepausen (Entspannung, Refektio) und die Rekonvaleszenz im eigentlichen Sinne.

Die Erkenntnis, dass Erholung nicht im Dienste der Arbeitsfähigkeit, sondern ein Grundbedürfnis ist, ist jüngeren Datums. Nach Artikel 24 der Allgemeinen Erklärung der Menschenrechte ist das „Recht auf Erholung und Freizeit insbesondere auf eine vernünftige Begrenzung der Arbeitszeit und regelmäßigen, bezahlten Urlaub" ein elementares Menschenrecht.

4. Quality time

Unter Quality time (englisch für „Qualitätszeit") versteht man im englisch-sprachigen Raum die Zeit, in der man seinen – andernfalls vielleicht vernachlässigten – Kindern, seinem Partner oder seinen Freunden besondere Aufmerksamkeit widmet. Es kann sich um Zeit handeln, die mit sozialen Aktivitäten wie gemeinsamem Spielen, Spaziergängen, Gesprächen usw. verbracht wird oder mit der gemeinsamen Vorbereitung einer Mahlzeit.

Laut einem Memorandum des Bundesministeriums für Familie, Senioren, Frauen und Jugend vom Mai 2009 ist Qualitätszeit folgendermaßen einzugrenzen:
„Als Qualitätszeit für Familien betrachten wir verlässliche und selbstbestimmte Zeitoptionen, die Familien bewusst für gemeinsame Aktivitäten nutzen. Dabei kann es sich sowohl um gemeinsame Ausflüge oder Spielnachmittage handeln als auch um Aktivitäten, wie etwa gemeinsames Kochen und Essen, solange sie bewusst als Familienzeit wahrgenommen werden. Reine Haushaltstätigkeiten oder Hobbys, bei denen andere Familienmitglieder auch anwesend sind, zählen hingegen nicht dazu. Für uns bemisst sich Zeitwohlstand in bewusster Interaktion, Fürsorge und Zuwendung mit dem Ergebnis von Wohlbefinden."

Familienbezogene Qualitätszeit durch mehr Zeitsouveränität zu ermöglichen sei Aufgabe der Politik, der Wirtschaft und der Gesellschaft, und insbesondere eine Aufgabe der Familienpolitik.

5. Gewohnheit

Der Gewohnheit haftet ein ähnlich schlechter Ruf an wie der Langeweile, auch bei ihr wird oft übersehen, dass sie ihre guten Seiten hat.

Gute Gewohnheiten sind eingespielte Verhaltensweisen, die immer richtig sind und uns das Leben enorm erleichtern. Wie schön ist es, wenn wir wie von selbst das Richtige tun, weil es uns buchstäblich in Fleisch und Blut übergegangen ist.

Gewohnheit setzt auch die Bereitschaft voraus, sich auf Dinge wirklich einzulassen, den eigenen Horizont zu weiten, Neuem eine echte Chance zu geben, indem man es öfters ausprobiert.

Ich möchte dazu eine oft gemachte Erfahrung mit ihnen teilen, es ist **das Geheimnis des „drei Mal"**.

Denken Sie an irgendeine Situation in ihrem Leben, in der sie fest entschlossen waren, etwas zu ändern.

Das erste Mal kommt wie im Affekt, es muss jetzt endlich einmal was geschehen, ich probiere es jetzt einfach mal aus.

Erste Variante:
Der Versuch geht daneben.

Viele Menschen werden es kein zweites Mal probieren. Trägheit, Feigheit, Gleichgültigkeit, o.Ä. wollen uns davon abhalten, das Problem nochmals in Angriff zu nehmen, und viele folgen ihnen fast widerstandslos.

„Da kann man halt nichts machen."

Irrtum, man kann es ein zweites Mal probieren.
Man nimmt also alle Kräfte, allen Mut und allen Willen zusammen und startet einen zweiten Versuch.
Dabei hilft auch die Erinnerung an den bisherigen Zustand, der ja weiterhin unerfreulich ist und geändert werden muss. Wieder einmal sind die drei Seelenkräfte im Einsatz: Verstand, Gedächtnis, Wille.

Ergebnis: Es geht wieder daneben.

Nun werden nur mehr wenige übrig bleiben. Die anderen, die nun aufgeben, lassen meist noch den großartigen Satz zurück: „Ich habe es dir ja gleich gesagt,…"

…, dass Du es ein drittes Mal versuchen sollst, kann man ihnen erwidern.
Und siehe da, wie oft klappen Dinge erst im dritten Anlauf, manchmal kann man da auch erkennen, dass es eben tatsächlich nicht geht…

…oder, dass man es noch (viele) weitere Male versuchen muss.

Große Erfinder, Ärzte, Forscher, Sportler, etc. brauchten manchmal hunderte Versuche, bis sie endlich das heiß ersehnte Ziel erreichten. Sie waren nicht unfähig oder ungeschickt, sondern sie hatten Pioniergeist, der sie antrieb, Dinge zu tun, die noch nie jemand getan hatte. Im besten Fall zum Wohl der Menschen und ganzen Welt.

Sie lesen gerade ein Buch, das durch den Verstand, den Willen und das Gedächtnis von tausenden Menschen, die sich über Jahrhunderte hinweg mit großer Ausdauer dem Buchdruck gewidmet haben, überhaupt erst möglich ist.

In Ihrem Zimmer befindet sich eine Lampe, für die ebensolches gilt, und dass dieses Zimmer überhaupt existiert, hat eine ähnliche Geschichte. Wir brauchen uns also nur in unseren eigenen vier Wänden umsehen und können erstaunlich vielen Menschen dankbar sein. Die es drei Mal probiert haben und öfter...

Zweite Variante:
Der Versuch gelingt beim ersten Mal.

Sie haben etwas ausprobiert, und es hat funktioniert. Die Dinge laufen besser, sie sind zufrieden, ja vielleicht sogar euphorisch gestimmt und überzeugt davon, es wieder so zu machen. Super, na dann ist eh alles klar.

Oder?

Der Erfolg wird mit großer Wahrscheinlichkeit dazu führen, dass man es wieder macht. Den Kick möchte man gerne nochmal erleben.

Andererseits ist der Mensch ein Gewohnheitstier, und so passiert es leider, dass jemand, obwohl sich die neue Sache als günstig erwiesen hat, sie nicht noch einmal macht. Aus schlechter Gewohnheit.

Oder Sie sind gar nicht mehr so sicher, ob es denn wirklich so gut war, irgendwer hat Ihre Freude in der Zwischenzeit durch einen dümmlichen Kommentar getrübt. Oder Sie haben schon wieder vergessen, wie unerfreulich die frühere Verhaltensweise war, und ohne viel Nachdenken handeln Sie einfach so (falsch) wie schon hunderte Male zuvor.

Das freudige Ereignis wird zum Mythos, zur einmaligen Sternstunde, die sich halt leider nicht wiederholen kann.

Doch kann sie!

„Stay hungry!", „Don't stop at the top" heißt die schöne Devise. Wenn das selbst Arnold Schwarzenegger und die Scorpions kapiert haben, dann schaffen wir es auch noch.

Ersterer hat nicht nach dem ersten Bizeps-Titel aufgehört, letztere nicht nach dem ersten Platin-Album. Schön war's, mach es einfach wieder. Feiere nicht zu lang, sondern arbeite mit diesem neuen Schwung weiter, den du dir hart erarbeitet und redlich verdient hast.

„Dauerndes Glück ist Langeweile." meinte Oswald Spengler.

Kann schon sein, aber seit wann ist Langeweile ein Problem?

Es ist eine wunderschöne Erfahrung, die meistens erst beim dritten Mal zum Vorschein kommt, wenn die Dinge wirklich und nachhaltig in eine neue und gute Richtung laufen.

Man tut es, weil es richtig ist, man denkt nicht mehr in erster Linie an schöne Gefühle oder sonstiges nettes Beiwerk.

Man hat es einmal getan, weil man einen Antrieb hatte, der aus Langeweile, Frust, Neugier, etc. gekommen ist.

Man hat es allen Widerständen zum Trotz ein zweites Mal gemacht, angetrieben auch von der Sehnsucht nach dem Erfolgserlebnis.

Man macht es ein drittes Mal, einfach weil es sich als richtig erwiesen hat.

Danach ist es gleichsam besiegelt und gesichert. Eine neue, gute Gewohnheit hat sich durchgesetzt, ein neuer, guter Weg hat begonnen, mit unbegrenzten Möglichkeiten.

Gewohnheit wird durch Gewohnheit überwunden. Es ist nicht langweilig, wenn Freude zur guten Gewohnheit wird.

Es ist eine Freude, die Gewohnheit als eine sympathische Schwester der Langeweile zu entdecken.

Einfach mal so zur Abwechslung können wir dann sogar Goethe widersprechen. Das ist politisch inkorrekt und macht Spaß.

Lieber Johann Wolfgang von, alles in der Welt lässt sich ertragen, sogar eine Reihe von schönen Tagen.

6. Zeitwohlstand

Zeitwohlstand ist ein Konzept der Wirtschafts-und Sozialwissenschaften, das mit der individuell erlebten Zeit verknüpft ist und mit dem die „eigene Zeit" als besondere Ressource hervorgehoben wird. Das Konzept ist nicht eindeutig definiert und das Fehlen einer solchen Eindeutigkeit wird teils als kennzeichnendes Merkmal betont.

Teils steht das Konzept Zeitwohlstand für einen immateriellen Wohlstand, der in einer Ressource begründet ist, welche eng an die Lebenszeit geknüpft ist und mehrere Dimensionen umfasst.

Als Dimensionen werden insbesondere Folgende betrachtet: das Ausmaß der „eigenen Zeit" (Zeitreichtum etwa in Form von Freizeit, Muße), die Selbstbestimmung über die Zeit (Zeitsouveränität), die subjektive Qualität der gelebten Zeit (entdichtete Zeit, Wohlbefinden) und die Einbindung in Zeitinstitutionen (etwa Wochenenden und Feiertage als gemeinsame Zeit, Bildungsurlaub).

In dieser Interpretation ist Zeitwohlstand durch eine Verknüpfung mehrerer Indikatoren messbar, wobei die Art der Verknüpfung nicht vorgegeben ist.

Der Begriff des Zeitwohlstands wurde in den 1980er Jahren von dem Politologen Jürgen Rinderspacher eingeführt und in den 1990er Jahren von dem Ökonom Gerhard Scherhorn weiter verbreitet, der besonders das Konkur-

renzverhältnis zwischen (materiellem) Güterwohlstand und (immateriellem) Zeitwohlstand hervorhob. Sherhorn schlug zudem vor, den materiellen Wohlstand, den Zeitwohlstand und den Raumwohlstand als gleichberechtigte Ziele zu betrachten.

Zeitnot, als Gegenbegriff zu Zeitwohlstand, bezeichnet insbesondere das Fehlen von verfügbarer Zeit.

Robert E. Goodin, Autor von Discretionary Time, setzt neben das materielle Existenzminimum (quantifiziert durch den Warenkorb) ein zeitliches Existenzminimum (notwendige Zeit). Als „notwendige Zeit" bezeichnet er die Summe der Zeit, die für eine das Überschreiten der Armutsschwelle erforderliche Erwerbsarbeit und für die Haus- und Familienarbeit einschließlich der persönlichen Pflege erforderlich ist; als Gegenstück steht hierzu die übrige Zeit als eine zur freien Verfügung stehende Zeit (discretionary time), welche er als Wohlstandsindikator auffasst.

In der modernen Familienpolitik wird „Zeitwohlstand für Familien" häufig als einer der angestrebten Werte genannt. Mit dem Begriff sind insbesondere Aspekte wie Zeitsouveränität, genügend Freizeit und gemeinsame Familienzeit (auch: quality time) sowie ggf. eine Vereinbarkeit von Familie und Beruf in einen positiv konnotierten Begriff zusammengefasst. Entsprechend wird der Begriff oft auch als Schlagwort für eine auf die Bedürfnisse von Familien ausgerichtete Politik verwendet.

7. Zweisamkeit

Die Fünf Sprachen der Liebe ist ein Begriff der Paartherapie, den der amerikanische Paar- und Beziehungsberater Gary Chapman prägte.

Er bezieht sich auf fünf verschiedene Beziehungssprachen, die in Partnerschaften gelebt werden und die für ein "Sich-geliebt-Fühlen" verantwortlich sind.

Eine dieser Sprachen heißt Zweisamkeit – die Zeit nur für dich.

Menschen dieser Sprache fühlen sich geliebt und respektiert bei absoluter Zweisamkeit (gemeinsames Abendessen, ganzes Wochenende ohne Störung etc.).

Es geht ihnen um die Zeit, die man bewusst gemeinsam verbringt. Darin liegt für sie eine hohe Qualität.

Diese uneingeschränkte Aufmerksamkeit ist eine Beziehungsqualität, die sie in hohem Maße schätzen.

TEIL III
Vom rechten Umgang mit Langeweile

1. Zwischen dem Rauschen

Schmerz ist unangenehm, aber Schmerz hat Sinn. Er weist uns auf einen Zustand hin, den wir meiden oder beenden sollten. Ähnlich ist es mit der Langeweile, sie ist unangenehm, kann uns aber auf den rechten Weg führen.

Wie wenn man im Radio mit dem Drehknopf einen Sender sucht, links Rauschen, rechts Rauschen, die Mitte hört man nicht noch mal extra, sie genügt sich selbst. Die hörbaren Ränder führen zu ihr hin.

Oder wenn Sie den richtigen Ton an einer Musikanlage einstellen. Upps, das ist aber dumpf, also mehr Höhen, Schalter hinüber drehen, ah, da wird es schon dünn und grell, also wieder zurück. Und irgendwo in der Mitte zwischen den beiden nicht so gut klingenden Rändern liegt die gesunde, wohlklingende Mitte.

Ganz ähnlich ist es in unserem Leben: die gute Mitte hört man nicht, man hört die verschieden störenden Abweichungen, wenn man dann wieder nichts hört, weiß man nun, dass es richtig läuft, gerade weil man nichts bemerkt.

Und man freut sich und ist dankbar für einen Zustand, der nicht selbstverständlich aber einfach und gut ist. Ist ja wirklich etwas Schönes, man hat endlich einmal Zeit, ja sogar viel Zeit, eine lange Weile.

Erstaunlich ist, dass viele, die ständig sagen, dass sie sich nach mehr Zeit sehnen, diese dann nicht nützen, wenn sie sie endlich haben. Ein Leben lang lebt man für die Rente. „In der Rente dann, da werde ich…" Und dann der Schock per se, auch Pensionsschock genannt: Zeit, Zeit, viel Zeit. Aber bitte natürlich nicht einmal fünf Minuten in der Woche irgendwelche Verbindlichkeiten eingehen, dafür hat man jahrzehntelang hart gearbeitet, jetzt wird genossen.

Mit dem Genießen ist das aber so ne Sache: „Manches ist nur schön, solange wir es wünschen und wird fad, sobald wir es genießen." wusste Ferdinando Galiani. Doch gerade darin steckt eine schöne Chance. Sie hilft uns auch im quälenden Dilemma, das alle Menschen erleben, die frei über ihre Zeit verfügen können:

Tagesablauf? Ja!
　Aber wo bleiben dann Freiheit und Erholung?

Tagesablauf? Nein!
　Aber dann geht nichts mehr weiter.

2. Jeder Tag hat einen Ablauf

Wie gerne denke ich an den Beginn meines Jus-Studiums zurück. Ich hatte einige beunruhigende Geschichten von älteren Schülern in unserem Gymnasium gehört, die in der Schule gute Noten hatten, doch beim Studium nicht weiterkamen. In Schülersprache würde man sagen, sie waren schon in der ersten Klasse zwei Mal sitzengeblieben, in der lässigen Studentensprache gibt es solche Worte nicht.

Ein, zwei Jahre später waren sie also noch immer am Anfang ihres Studiums, da sie es nicht geschafft hatten, einen gesunden Rhythmus zu finden. Vor lauter Kaffeehaus-Sitzen am Vormittag, Schlafen am Nachmittag und Party-Gehen am Abend hatten sie weder Lust noch Kraft, um zwischendurch auch mal zu lernen und Prüfungen abzulegen.

So kam mir die simple aber höchst segensreiche Idee, die zwölf Jahre Schulrhythmus jetzt nicht einfach über Bord zu werfen, sondern mein Studium so zu gestalten, als ob ich weiterhin in die Schule gehen würde.

Klick, ein Schalter im Hirn war umgelegt, die Dinge liefen in die richtige Richtung, das Ergebnis einer einzigen kleinen Grundsatz-Entscheidung erfüllt mich Jahrzehnte später noch mit echter Freude.

Ich hatte mir die Zeit, die mir zur Verfügung stand, selbst eingeteilt. Dazu gehörte als allererstes das rechtzeitige Aufstehen in der Früh und danach die Nutzung der sinnvoll bemessenen Zeiteinheiten.

Spießig, ängstlich, kleingeistig, langweilig kann man diese Einstellung nennen.

Spießig, ängstlich, kleingeistig, langweilig kann man mit gutem Grund auch Kaffeehaus-Sitzen am Vormittag, Schlafen am Nachmittag und Party-Gehen am Abend nennen.

9 to 5 Nichtstun ist eben auch nur ein Job.

Das nette kleine Rezept eines gut durchdachten Tagesablaufs, den man selbst aufstellt, kann ich jedem empfehlen. Es funktioniert für alle Menschen, die in höherem Maße frei über ihre Zeit verfügen können, z.B. Studenten, Pensionisten, Arbeitssuchende, Kranke, aber auch Privatiers, Millionärssöhnchen,...

Wem der Sinn eines Tagesablaufs nicht in den Kopf will, der kann sich einfach mal selbst beobachten:

Du bist immer mitten drin im Ablauf eines Tages, ob du es willst oder nicht. Der Tag läuft von selbst, die Zeit vergeht von selbst, ohne dass wir darauf Einfluss nehmen können.

Die Würde des Menschen besteht jedoch darin, dass er den Lauf des Tages in sinnvolle Bahnen lenken kann. Es ist ähnlich wie mit Wasser: Wasser hat eine Eigendynamik, es fließt von selbst, mit großer Kraft.

Der Mensch ist jedoch in der glücklichen Lage, Wasser in für ihn hilfreiche Bahnen lenken zu können, seine Kräfte zu nutzen. Tut er es nicht, fließt das Wasser trotzdem, aber gleichsam an ihm vorbei.

Inwieweit die Zeit sinnvoll verbracht wurde und nicht an uns vorbeigelaufen ist, lässt sich am besten am Ende des Tages erkennen. Der Rückblick auf den vergangenen Tag lässt vieles in anderem Licht erscheinen und gibt zugleich eine gute Orientierung, wie wir es am nächsten Tag besser machen können.

Ein wichtiges Element bei der sinnvollen Nutzung der Zeit sind Pausen. Diese sind nicht bloßes Nichtstun, sondern die Anerkennung der Tatsache, dass man sich nur eine beschränkte Zeit auf eine Sache konzentrieren kann.

In meiner Schulzeit bekamen wir im Englischunterricht immer wieder englische Illustrierte, die zu Lernzwecken konzipiert waren. Das war eine willkommene Abwechslung zu den Schulbüchern, und ich las die dort geschriebenen Artikel mit Interesse.

Einmal ging es um Lernforschung und Erkenntnisse aus umfangreichen Studien, die belegen, dass sich ein normaler Mensch ca. vierzig Minuten konzentriert mit einer Aufgabe beschäftigen kann. Danach braucht er eine Pause von ca. zehn Minuten, die ihm hilft, sich wiederum neu zu konzentrieren. In einem gesunden Rhythmus von Arbeit und Entspannung werden schlussendlich die besten Ergebnisse erzielt, am Ende des Tages lässt sich dies leicht feststellen.

Zu Beginn meines Studiums habe ich das einfach mal ausprobiert und der Einfachheit halber einen 45 Minuten Arbeit - 15 Minuten Pause Rhythmus eingeübt.

45 Minuten konzentriert arbeiten ist ganz schön viel. Da geht was weiter, insbesondere, wenn man eine Pause vor sich hat, vor der man gewisse Dinge noch erledigen will.

Die Pause nütze ich dann immer für eine völlig andere Beschäftigung, gehe im Raum umher oder kurz an die frische Luft, strecke mich, schließe die Augen, trinke einen Schluck Wasser, höre Musik,…

Der Mensch braucht Konturen, wir sind nicht für ein verschwommenes Wischi-Waschi Leben geschaffen, schon gar nicht im tätigen Alltag.

Echtes Arbeiten, echte Erholung, echte Freude.

Langeweile verschwindet dabei wie von selbst, sie ist ja oft auch Folge einer Über- oder Unterbelastung, die wiederum Folge einer schlechten Zeiteinteilung sind. Weder burn- noch bore- out ist dem Menschen in die Wiege gelegt, sondern der vernünftige Umgang mit seinen Möglichkeiten, in großer Verantwortung für sich selbst und seine Mitmenschen.

Probieren Sie es einfach mal aus, es funktioniert:

   8 Uhr am Arbeitsplatz, erste Einheit
   8 Uhr 45 Pause
   9 Uhr zweite Einheit
   9 Uhr 45 Pause
   10 Uhr dritte Einheit
   10 Uhr 45 Pause
   11 Uhr vierte Einheit
   11 Uhr 45 Pause

   Mittagessen, andere Erledigungen

   14 Uhr fünfte Einheit
   14 Uhr 45 Pause
   15 Uhr sechste Einheit
   15 Uhr 45 Pause
   16 Uhr siebte Einheit

Feierabend!

5 Stunden und 15 Minuten wirklich gearbeitet, dazwischen viele kleine Erledigungen gemacht, am Abend Kraft tanken für den nächsten Tag.

Oh, das ist aber kleinlich und naiv.

Ja, aber vielfach effizienter als zwei Stunden „lernend" herum zu lümmeln und vor lauter Buchstaben den Satz nicht mehr zu sehen, weil das Hirn abschalten muss.

„Es ist nicht zu wenig Zeit, die wir haben, sondern es ist zu viel Zeit, die wir nicht nutzen.", sagte Seneca.

Das nette System funktioniert für jede Arbeit, auch für buchstäblich lebenswichtige Dienste, sinnvolle Anpassungen sind natürlich immer möglich, z.B.:

Pausen sind das älteste Mittel gegen Erschöpfung bei andauernden anstrengenden Tätigkeiten. In zahlreichen Berufen, vom Fluglotsen bis zum Call Center Agenten, werden regelmäßige Kurzpausen bereits praktiziert. In der Chirurgie waren Pausen während einer Operation bislang kein Thema.

Eine 2011 veröffentlichte Studie der Medizinischen Hochschule Hannover (MHH) ergab:

Chirurgen haben weniger Stress, sind leistungsfähiger und machen deutlich weniger Fehler. Durch die Pausen verlängert sich die Operationszeit insgesamt nicht. Das OP-Team bleibt während der Kurzpausen im Operationssaal bei dem Patienten.

Die MHH-Studie untersuchte rund 60 komplexe minimalinvasive operative Eingriffe in der Bauchhöhle (Schlüsselloch-Technik) bei Kindern. Für die Studie wählten die Mediziner ein Pausenschema von 25 zu fünf, das heißt, alle 25 Minuten legte das OP-Team eine fünfminütige Auszeit ein.

Die Kontrollgruppe bildeten herkömmliche Operationen ohne Pausen. Untersucht wurden verschiedene Parameter; unter anderem der Ausstoß der Stresshormone Cortison, Adrenalin und Testosteron. Außerdem mussten sich die Chirurgen jeweils vor und nach der OP Konzentrations- und Leistungstests unterziehen und Aussagen darüber machen, wie sie selbst ihre Leistungsfähigkeit und Müdigkeit einschätzen. Während der OP wurde zudem ihre Herzfrequenz aufgezeichnet.

„Die Studie zeigt, dass kurze Unterbrechungen durchweg positive Auswirkungen haben: Chirurgen, die Pausen machen, schütten deutlich weniger Stresshormone aus, die Menge an Kortison beispielsweise ist um 22 Prozent geringer als bei denen, die auf Pausen verzichten. Auch die Leistungsfähigkeit bleibt erhalten.

Dem entspricht auch der Eindruck, den die Operateure von sich selbst haben. Sie gaben an, dass sie sich nach einer OP weniger müde fühlen, wenn sie während des Eingriffs kurze Pausen gemacht haben.

Auf eine gleichbleibende Leistungsfähigkeit weist darüber hinaus die ausgeglichene Herzfrequenz hin, die bei den pausierenden Chirurgen gemessen wurde. Operateure, die ihre Arbeit regelmäßig unterbrechen, machen außerdem weniger Fehler.

Die Fehleranfälligkeit ist dreimal geringer als bei Kollegen, die „durchoperieren". Trotz der anfänglichen Skepsis unter den Kollegen hat sich das Kurzpausenschema in der Kinderchirurgie der MHH weitgehend durchgesetzt.

> Gegenüber der Fähigkeit, die Arbeit eines
> einzigen Tages sinnvoll zu ordnen,
> ist alles andere im Leben ein Kinderspiel
> Johann Wolfgang von Goethe

!!!Achtung!!!

Höchstwahrscheinlich werden Sie schon bald an diesem einfachen Rhythmus etwas ändern wollen.

Bitte, tun Sie es nicht!

Nicht weniger in der Faulheit, sondern dranbleiben. Nicht mehr in der Euphorie, sondern das gesunde Maß beibehalten.

Der gut eingeübte Rhythmus trägt dich, es ist erstaunlich, wie sich auch das Zeitgefühl schärft, man macht das Richtige wie von selbst. Und man hat schließlich oft Vorfreude: bei der Arbeit auf die Pause, bei der Pause auf die Arbeit.

Disziplin nennt sich das, Selbstbeherrschung. Sie ist der innere Kompass, der die Dinge ordnet und am Ende das mit Abstand erfreulichste Ergebnis bringt.

Der härteste Gegner unseres Glücks sind wir selbst, aber ein Sieg ist immer möglich.

3. Ein guter Plan und seine Umsetzung

Ruhe, Stille, Langeweile sind die Voraussetzungen dafür, dass man Zeit und Gedanken ordnen kann. Dass man meditiert, in die Mitte kommt. Dass man die Seele baumeln lässt.

Das Drama vieler Menschen besteht darin, dass sie lieber dem Drama den Vorzug geben. Sie halten es nur kurz aus, wenn die Dinge ruhig und friedlich laufen.

Dann geht es schon wieder los mit der Suche nach Problemen, nach soliden Grundlagen für Jammern und Klagen. „Eine unerschöpfliche Quelle menschlichen Vergnügens ist das menschliche Missvergnügen." hat Otto Weiss dieses seltsame Phänomen kommentiert.

Es ist einerseits ein Vergnügen, andererseits ein Spiel mit dem Feuer. Vor lauter Freude am Negativen verlernt man den Blick für das Positive. Vor lauter pathetischem Raunzen über das halb leere Glas, sieht man tatsächlich nicht mehr das halb volle. Es gibt aber nur diese eine Welt, die uns zur Entfaltung unseres Lebens offen steht.

Ich kann nicht einfach das Essen in den Müll werfen, ohne vorher zu schauen, ob sonst noch etwas im Kühlschrank ist.

Jeder ist seines Glückes Schmied, auch insofern als er die schönen Dinge sehen will oder nicht, ob er nun tatsächlich nach Freude strebt oder nur nach Schaden- und Pseudofreude. Ob er Ruhe und Friede im Haus des Lebens zu Gast haben will, oder sie schon nach ein paar Minuten wieder hinausschmeißt.

Um es wahrscheinlich kurz später wieder zu bereuen…

Von Drama zu Drama, wenn das die Alternative ist, dann ist Langeweile doch wirklich das geringere Übel.

Nicht wenige Menschen kommen nicht mehr runter vom Stress, sie können nicht ausreichend entspannen, sie gleichen einem Gummiband, dass unter Dauerspannung immer schlapper wird.

So gesehen ist Langeweile eine echte Gnade, ein gesunder Leerlauf, in dem unsere Seele neue Kräfte tankt und sich voll Freude vorbereitet auf die kommenden, schönen Aufgaben.

Erst loslassen und entspannen, dann planen, schließlich losmarschieren.

Dazwischen liegt die kleine Mühe der Langeweile. Es bedarf der Überwindung, um die Stille überhaupt erleben zu können.

Die falsch erzogene Natur zieht uns in den Lärm, die Abwechslung, die Zerstreuung.

Die Gnade zieht uns in die Mitte, bringt die Dinge wieder ins Lot, damit wir unsere Tätigkeiten besser, effizienter und freudvoller vollbringen. Weil wir sie bewusst tun.

Um dies zu erfahren, brauchen Sie keinen fernöstlichen Meditationskurs absolvieren, keine Yoga-Übungen machen oder das Nirvana suchen. In jeder Kultur, an jedem Ort der Welt, gibt es eine Tür, die in die Weite führt.

Auf den Weiten des Meeres braucht man eine Karte, sonst geht man darin verloren. Tag für Tag weist sie den Weg, dem großen Ziel entgegen.

Auf dem Ozean des Lebens, in den unendlichen Weiten von Zeit und Raum ist es ganz ähnlich. Wer meint, hier einfach mal losfahren zu können, ohne Plan und Ziel wird sich schon bald im langweiligen Kreisen um sich selbst und hundert Ablenkungen wiederfinden.

Der Sommer ist die Hauptferienzeit des Jahres, alles Mögliche wird dafür monatelang geplant. Ich hörte einmal von einem Paar, das ein ungewöhnliches Motto hat: „Jeden Sommer ein Zimmer streichen."

In ein paar Jahren, ganz nebenbei, war die Wohnung wieder wie neu.

Ein gut durchdachter Plan, der die Ressourcen realistisch einschätzt und die kleine Initialzündung, die es braucht, um von den schönen Ideen zu den schönen Taten zu gelangen.

Wie schön ist es, Dinge auf der To Do Liste abhaken zu können. Frieden stellt sich ein, und gesunde Langeweile ist der wohlverdiente Lohn.

Dazwischen gilt es immer wieder den inneren Schweinehund zu überwinden, das Gedächtnis kann dabei helfen und der Blick auf andere, die auf beeindruckende Weise vorleben, was man mit den drei Seelenkräften Wille, Verstand und Gedächtnis erreichen kann.

Für einen Normalmenschen unfassbar ist der Aufwand an Zeit, Geld und Nerven, der in die Verfilmung des Buchklassikers „Der Herr der Ringe" von J.R.R. Tolkien investiert wurde. Am meisten Last von allen trug dabei Regisseur Peter Jackson.

Was ihm dabei geholfen hat, beschrieb er so: „Während der jahrelangen Dreharbeiten gab es natürlich immer wieder Durchhänger. In diesen Momenten habe ich mich daran erinnert, dass ich jetzt genau

das tue, von dem ich immer schon geträumt habe: ‚Herr der Ringe' zu verfilmen."
Ein weiser Gedanke, der ein monumentales Meisterwerk der Filmgeschichte möglich gemacht hat.

Ja, es ist schwierig, aber ich erinnere mich daran, dass jetzt genau das geschieht, was ich schon lange tun wollte, umso mehr bin ich motiviert und setze voll Freude meine Kräfte ein.

Wir brauchen einen roten Faden für die Dinge, die wir tun, wir brauchen einen Weg und ein Ziel, wir müssen nicht umherirren zwischen Lust und Laune. So haben wir schon alles beisammen, was wir brauchen: einen guten Plan und seine Umsetzung, per aspera ad astra, durch Mühe zu den Sternen.

Die Langeweile kann hier ein wichtiger Problemmelder sein. Es geht nichts weiter, also bist du wahrscheinlich vom Weg abgekommen. Nimm zuerst den Plan zur Hand, dann erst kannst du losgehen. Und wenn du keinen Plan hast, dann brauchst du einen.

Die kleine Mühe, den Plan zu erstellen, erspart dir hundertfach die große Mühe, ständig den Weg suchen zu müssen. Und vor lauter Weg suchen, kaum mehr weiterzukommen.

4. Den Flow finden

Die Langeweile meldet sich, wenn die Dinge nicht so laufen, wie sie sollen. Wie der Motor eines Autos, der zu brummen beginnt, wenn die Drehzahl zu niedrig ist.

Hallo, mein Freund, da ist mehr drin für dein Leben, für diesen Tag, für diese konkrete Stunde. Schalte einen Gang höher und erinnere dich an das Ziel, zu dem du unterwegs bist.

Langeweile führt uns zum Flow, indem sie uns anzeigt, dass wir nicht im Flow sind. Flow?

Flow (englisch „Fließen, Rinnen, Strömen") bezeichnet das als beglückend erlebte Gefühl eines mentalen Zustandes völliger Vertiefung (Konzentration) und restlosen Aufgehens in einer Tätigkeit (Absorption), die wie von selbst vor sich geht – auf Deutsch in etwa Schaffens- bzw. Tätigkeitsrausch oder auch Funktionslust.

Der Psychologe Siegbert A. Warwitz hat sich empirisch mit dem Phänomen des Flow-Erlebens in verschiedenen Altersstufen, bei unterschiedlichen Menschengruppen, bei unterschiedlichen Tätigkeiten und unterschiedlichen Beanspruchungsgraden auseinandergesetzt. Dabei kam er zu dem Ergebnis:

„*Das Urbild des Menschen im Flow ist das spielende Kind, das sich im glückseligen Zustand des Bei-sich-Seins befindet*".

Das in seinem Spiel voll aufgehende Kind spielt nicht nur Robinson, sondern es ist Robinson. Das heißt, dass es sich mit der gespielten Figur total identifiziert und in ihr aufgeht. Das Spiel erfüllt nach Warwitz bereits alle wesentlichen Kriterien, die für das Flow-Erleben charakteristisch sind:

- *Das Kind fühlt sich den selbst gestellten Anforderungen gewachsen (Schwierigkeit der Aufgabe und Lösungskompetenz befinden sich im Gleichgewicht)*
- *Es konzentriert die Aufmerksamkeit auf ein begrenztes, überschaubares Handlungsfeld (die Tätigkeit läuft im Nahbereich ab)*
- *Auf die Aktivitäten erfolgen klare Rückmeldungen (der Handlungserfolg wird sofort erkennbar)*
- *Handeln und Bewusstsein verschmelzen miteinander (eine Außenwelt existiert nicht)*
- *Das Kind geht voll in seiner Tätigkeit auf (es überhört das Rufen der Mutter)*
- *Das Zeitgefühl verändert sich (es lebt ganz im Hier und Jetzt)*
- *Die Tätigkeit belohnt sich selbst (es bedarf keines Lobes von außen)*

Dieses Gefühl der „Weltvergessenheit" kann sich in vergleichbarer Weise bei dem Wissenschaftler einstellen, der unter „Vergessen" der Bedürfnisse nach Essen oder Schlafen in langen Nachtarbeiten fast fanatisch eine ihn faszinierende Problemlösung verfolgt.
Ihm kann der Techniker, der Bastler in seiner Werkstatt verfallen, der über seiner Versessenheit bei der Gestaltung eines ihn fesselnden Produktziels Familie und Freunde vernachlässigt. Ein besonders intensives Flow-Erleben fand Warwitz bei den Menschen, die sich bis an die Grenze ihrer physischen, psychischen und mentalen Möglichkeiten verausgaben.

Er erklärt das so, dass die extreme Herausforderung durch eine außerordentliche Tätigkeit deshalb eine intensive Ausschüttung von Glückshormonen bewirkt, weil der Handelnde spürt, dass seine Leistungsfähigkeit auch einer unglaublich schwierigen Aufgabe noch gewachsen ist.

Wir bemerken hier natürlich die Gefahr, wenn der Flow die gesunden Grenzen des Leibes und der Seele überschreitet. Angesagt ist also ein Flow im Rahmen, so wie ein Fluss, der sich im Flussbett entfaltet.

Wir dürfen unser Leben auf lange Sicht ansehen und angehen. Geduld ist eine Tugend, die wir in der Langeweile üben können, der gesunde Flow ist gleichsam die Frucht des geduldigen Suchens zwischen Euphorie und Langeweile.

5. Ruhe und Frieden

„Der Mensch überwindet Hindernisse um endlich Ruhe zu haben, und findet dann nichts so unerträglich wie Ruhe." hat Henry Adams gesagt.

Das ist eine auf viele Menschen zutreffende Beobachtung, aber noch nicht das Ende vom Lied.

Wenn wir Langeweile schätzen lernen, dann werden wir sie ebenso wenig unerträglich finden wie Ruhe.

Wir haben schon so oft gehört, dass Langeweile schlecht sein soll, dass wir diese Behauptung nicht mehr hinterfragen. Geben Sie mal das Wort „Langeweile" in die Suchmaschine ein, Sie werden fast ausschließlich negative Einträge finden. Langeweile muss „bekämpft", „besiegt", „gekillt", „vertrieben" werden, und die meisten Menschen stimmen ohne Nachdenken in den Reigen der Kritiker ein.

Schimpfen wir nicht einfach mit, sondern erinnern wir uns dankbar:

Langeweile ist ein wichtiger Problemmelder, sie zeigt uns Abweichungen vom guten Weg an.

Langeweile hat sympathische Geschwister, die von vielen sehr geschätzt werden.

Langeweile hat überdies einen Wert in sich, sie darf durchaus als eigene Größe gewürdigt werden. Der Aufwand, den es braucht, um das zu erkennen, ist gut investiert, die vermeintlich größte Feindin des Lebens kann zu einer Freundin werden, deren Gegenwart man zu schätzen weiß.

Nähern wir uns ihrer verborgenen Schönheit mit dem Text eines weitläufig unbekannten Liedes namens „fad", zu finden auf *www.yyy.at/music.htm*:

fad

Wenn ich abends durch die Straßen geh und all die vielen Menschen seh, sie trinken dies, sie trinken das, sie suchen alle ein bisschen Spaß.

Doch leider bleibt die Suche so oft vergebens, und du stehst wieder mal am Rand des Lebens.
Und irgendwie geht nichts mehr weiter, es geht uns allen so, das macht die Sache wieder heiter.

Mir ist fad, einfach mega-giga-fad, geht's dir auch so? Fast jeden Tag ist mir fad, richtig ultra-tetra-fad.

Wenn ich dann mal in die Disco geh und all die vielen Menschen seh.
Viel beat, viel meat, reichlich groove für deine feet.

Trubel draußen, Leere drinnen, es scheint, als gebe es kein Entrinnen.
Doch, check it out, what fun is all about, ich sag's ganz leise, I needn't be loud.

Mir ist fad, und ich steh dazu, ich geb's ganz ehrlich zu.
In Wort und Tat ist mir fad.

Langeweile ist eine Chance für dich, es gibt einen, der lässt dich nie im Stich.
Vielleicht fängst du erst dann so richtig an zu denken und kannst versuchen, die Dinge in die bessre Bahn zu lenken.
Wenn du merkst, so kann es nicht weiter gehen,
Du hast jetzt alle Zeit der Welt, um schön langsam zu verstehen.

Ich habe keine Angst, denn mir ist fad.
Ich habe keinen Kummer, denn mir ist fad.
Ich habe keine Sorgen, denn mir ist fad.
Mir ist fad und ich bin froh.
Ich kann auch nicht ganz genau erklären wieso.

Manche nennen es Frieden, ich hab es viel zu lang gemieden.
Manche nennen es Gelassenheit.
Befreit vom Geist der Zeit kommst du unendlich weit.

Wer die Langeweile kennen lernen will, der muss sich zuerst für sie Zeit nehmen. Der darf mal lauschen, ob sie uns etwas zu sagen hat.

Natürlich hat sie das.

Ihre erste Frage lautet: „Warum läufst Du ständig vor mir davon? Warum meinst Du, nicht fünf Minuten ohne Handy, Internet, Fernseher, Gedröhne und Klimbim leben zu können?"

Weiters fragt sie dich: „Warum gehst Du nicht einfach mal in das Nichts hinein? Es ist gesund und gar nicht mal so nichtig, wie man im ersten Moment meinen könnte."

Die Langeweile hat dir noch viel mehr zu sagen:

„Aus der Tiefe kannst Du alles schöpfen, gib dich nicht mit Pralinen zufrieden, die dich nicht satt machen können, sondern schenke deiner Seele gesunde, starke Nahrung.

Sei nicht ständig nur mit Vergänglichem und Vorläufigem beschäftigt, sondern koste von der süßen Frucht der Ewigkeit.

Lege selbst den Schalter um, von Langeweile zu Dankbarkeit, schreite eine Dimension tiefer zu den wahren Schätzen der Seele.
Freue dich an dem, was viele für langweilig halten. Niemand nimmt es dir weg, schöpfe es aus.

Du kannst grimmig und fadisiert den ganzen Tag vergeuden, oder du kannst dem Leben zulächeln, einfach mal so, gleich jetzt über den Buchrand hinaus.

Du kannst davonlaufen hinein in die Ablenkung und Zerstreuung, oder du kannst eine schöne Zeit mit Langeweile verbringen, die du nie bereuen wirst.

Du kannst wahrnehmen, wie die Zeit langsamer wird, und die wichtigste Ressource der Welt plötzlich in reichem Maß vorhanden ist.

Du darfst ruhig werden, und diesen Moment verkosten, von dem du schon dachtest, dass es ihn nicht gibt.

Du darfst die Wellen des Lebens über dir rauschen hören, während du dich in der sicheren und stillen Tiefe erholst.

Mögen andere auch herumlaufen wie aufgescheuchte Touristen, du weißt, dass du schon am Ziel angekommen bist.

Mögen andere ihre Seele zuschütten, damit nur ja keine Leere mehr in ihr ist, so kannst Du gelassen und getrost diese Leere genießen.

Mögen andere ihre Freizeit vollstopfen mit noch und noch mehr Terminen, so darfst Du zum Relaxen auch einfach mal in die Wüste gehen.

Du darfst Kraft schöpfen in der Weite des Himmels, um dann voll Freude wieder in die kleinen Welten deines Lebens einzutreten.

Du hast in mir eine Freundin gefunden, die immer für dich da ist, und dir die Tür in verborgene Dimensionen des Lebens öffnet."

Ausklang und Anfang

Sie erinnern sich wahrscheinlich noch an den Untertitel dieses Buches, ich hoffe, einiges davon ist nun besser verständlich geworden.

Wir können mit der Langeweile Freundschaft schließen, sie möchte uns wertvolle Dinge schenken, die man mit Geld nicht kaufen kann. Diese schöne Einsicht kann unser ganzes Leben verändern, sie kann die Lebensqualität spürbar erhöhen.

Es gehört zur besonderen Würde des Menschen, dass er über seine Grundeinstellung zum Leben nachdenken kann.

Vielen Menschen erscheint dies überflüssig, aber jeder Mensch lebt – bewusst oder unbewusst – nach einer Grundeinstellung. Sie prägt tief in der Seele jede Entscheidung.

Es zeichnet den Menschen aus, dass er mit Verstand, Gedächtnis und Wille seine Grundeinstellung zum Besseren ändern kann. Ich kann bezeugen, dass dies möglich ist: Fadisiere dich und hab Spaß dabei!

Wenn Sie, lieber Leser und liebe Leserin, interessiert sind, wie es mit meinem Leben im und nach dem Sommer 1988 weiterging, erzähle ich Ihnen das gerne ein anderes Mal. Eines sei verraten: Das Beste kommt noch...

Auf jeden Fall wünsche ich Ihnen schon heute viel Freude auf dem Weg Ihres Lebens, einige gute Worte können dabei Proviant sein:

Sei unbekümmert um die Zukunft - es gibt keine.
Wenn du in jeder Minute rein und voll
und ohne Langeweile lebst, so gibt es nur
eine gegenwärtige Ewigkeit.
Clemens Brentano

Es ist schwer, Langeweile zu schildern,
ohne den Leser zu langweilen.
William Somerset Maugham

Die Langeweile wird in der heutigen Gesellschaft
leider gar nicht geschätzt.
Jan Weiler

Was also ist Zeit?
Wenn mich niemand danach fragt, weiß ich es.
Will ich es einem Fragenden erklären,
weiß ich es nicht.
Augustinus

Ich spreche nicht gern mit Leuten,
die stets meiner Meinung sind.
Eine Zeitlang macht es Spaß, mit dem Echo zu
spielen, auf die Dauer aber ermüdet es.
Thomas Carlyle

Zu leben ist nicht genug.
Wir müssen zum Guten unseren Beitrag leisten
und unser Bestes tun.
Pablo Casals

Unsere Zeit ist so aufregend, dass man
die Menschen eigentlich nur noch
mit Langeweile schockieren kann.
Samuel Beckett

Die Langeweile ist die Not derer,
die keine Not kennen.
deutsches Sprichwort

Langeweile, zur rechten Zeit empfunden,
ist ein Zeichen von Intelligenz.
Clifton Fadiman

Das Leben ist kurz,
aber die Langeweile verlängert es.
Jules Renard

Glücklich das Volk,
dessen Geschichte sich langweilig liest.
Charles-Louis de Montesquieu

Fünf Minuten Ewigkeit
machen ein ganzes Leben wieder gut!
Georges Bernanos

Ich träumte, ich hätte ein Interview mit der Langeweile...

"Du möchtest also ein Gespräch mit mir?" fragte die Langeweile

"Wenn Du die Zeit hast", sagte ich.

Sie lächelte.
"Habe ich immer."
"Welche Fragen würdest Du mir gerne stellen?"

"Was erstaunt Dich am meisten an den Menschen?"

Die Langeweile antwortete...
"Dass ihnen die Kindheit langweilig wird. Dass sie sich beeilen, erwachsen zu werden, um sich dann danach zu sehnen, wieder Kinder sein zu können."

"Dass sie um Geld zu verdienen, ihre Gesundheit auf's Spiel setzen und dann ihr Geld ausgeben, um wieder gesund zu werden."

"Dass sie durch die ängstlichen Blicke in ihre Zukunft das Jetzt vergessen, sodass sie weder in der Gegenwart, noch in der Zukunft leben."

"Dass sie leben, als würden sie niemals sterben, um dann zu sterben, als hätten sie nie gelebt."

Die Langeweile nahm meine Hand und wir schwiegen gemeinsam eine Weile
Dann wollte ich wissen...

"Was möchtest Du, dass wir Menschen von Dir lernen?"

Sie antwortete mit einem feinen Lächeln...
"Dass man niemanden veranlassen kann, jemanden zu lieben, sondern zulassen darf, geliebt zu werden."

"Dass es nicht förderlich ist, sich mit anderen zu vergleichen."

"Dass eine "reiche" Person nicht jemand ist, der/die das meiste hat, sondern vielleicht das wenigste braucht."

"Dass es nur einige Sekunden braucht, einem Menschen tiefe Wunden zuzufügen,
jedoch viele Jahre, diese wieder zu heilen."

"Dass Vergebung durch gelebtes Vergeben geschieht."

"Dass es Menschen gibt, die sie tief und innig lieben, jedoch nicht wissen, wie sie ihre Gefühle ausdrücken können."

"Dass zwei Menschen dasselbe betrachten können und es dennoch unterschiedlich sehen."

"Dass es manchmal nicht genug ist, Vergebung zu erhalten, sondern sich selbst zu vergeben."

"Und, dass ich dich gern habe und mit dir eine schöne Zeit verbringen will.

Fürchte dich nicht."